오늘 내게 주시는 말씀

오늘 내게 주시는 말씀

지은이 후지이 야스오
옮긴이 정윤상
펴낸이 김명식
펴낸곳 (주)넥서스

초판 1쇄 발생 2015년 4월 15일
초판 2쇄 발행 2015년 4월 20일

출판신고 1992년 4월 3일 제311-2002-2호
121-893 서울시 마포구 양화로 8길 24
Tel (02)330-5500 Fax (02)330-5555

ISBN 979-11-5752-337-5 03230

www.nexusbook.com
지혜의샘은 (주)넥서스의 기독 브랜드입니다.

내 삶을 하나님의 이야기로 만들라

오늘
내게
주시는
말씀

후지이 야스오 지음
정윤상 옮김

지혜의샘

성경은 신기한 책이다. 성경의 특징은 다음과 같다.

첫째, 구약 성경 39권과 신약 성경 27권이 한 권의 책으로
묶였다.

둘째, 세상의 창조를 언급하는 것에서 시작해 세상의
종말을 예언하는 것으로 끝난다.

셋째, 1,600년에 걸쳐 약 40명의 사람들에 의해
쓰였는데도 이야기에 통일성이 있다.

넷째, 집필자는 자신의 경험을 토대로 기록했으나
하나님께서 그들에게 영감을 주셨다.

다섯째, 전체에 걸쳐서 하나님이 어떤 분인지 설명하고
구원의 계획을 제시했다.

여섯째, 지금까지 기록이 남았다. 수천 년 동안 자연의 풍화,
전란 등을 겪었는데도 소멸되지 않았다.

일곱째, 세계에서 가장 많이 팔린 책이다.

여덟째, 성경의 교훈은 역사가 흐르고 세상이 변해도 불변의
진리이다.

아홉째, 성경을 읽으면 마음이 깨끗해진다. 성경에는 사람을
변하게 하는 능력이 있다.

이처럼 성경은 놀라운 책이기에 우리의 일상생활에 도움을
주는 구절을 뽑아서 소개했다.

목차

의욕

미련한 자는 무지하거늘 손에 값을 가지고 지혜를
사려 함은 어찜인고

_잠언 17:16

진리를 배우려는 마음이 없으면 아무리 많은
돈을 들여도 의미가 없다. 요즈음 세태를 보면, 학원, 과외
등 아이의 능력이나 배우려는 의지와 상관없이 부모가 아이
에게 배움을 강요한다. 성경에서는 이 우매함을 경계한다.
부모가 자녀의 장래를 걱정하는 마음은 잘 안다. 하지만 부
모와 자식은 서로 다른 인격체이다. 그러므로 "부모가 깔아
놓은 레일 위를 가라"고 하는 것은 무리한 일이다.

부모가 해야 할 일은 자녀에게 많은 선택이 있음을 가르
치는 것이다. 인생에는 여러 가지 길이 있다. 목표로 하는 길
에 따라 아이에게 다양하게 가르치면서 아이가 스스로 노력

하도록 지도하는 것이 부모의 의무이다.

　미국 흑인 노예해방의 대통령 링컨은 어릴 적 누군가가 책을 가지고 있다는 소문을 들으면, 먼 길을 마다하지 않고 찾아가서 책을 빌려 탐독했다. 일본의 유명한 세균학자이자 의학 박사인 노구치 히데요(野口英世)는 어렸을 때 손에 화상을 입었다. 그는 의사가 자신을 치료하는 것을 보고 자기도 의사가 되겠다고 마음먹었다. 그리고 노력한 끝에 결국 유명한 세균학 박사가 되었다. 그는 프랑스의 파스퇴르 연구소에 있었고, 세계 의학 발전에 공헌했다. 슈바이처는 유럽에서 이름난 음악가(오르간 연주자, 바흐 연구가)이자 신학자였다. 그런데도 그는 아프리카 원주민을 위해 다시 의학 공부를 한 뒤 의사가 되어 정글로 들어갔다.

　그들은 모두 스스로 선택하고, 스스로 노력하며, 스스로 곤란을 극복하고, 목표를 향해 씩씩하게 나아갔다.

젊은이여,
권위를 가져라

너는 이것을 말하고 권면하며 모든 권위로 책망하여
누구에게서든지 업신여김을 받지 말라

_디도서 2:15

당신은 일하면서 종종 누군가에게 무엇을 주
장하거나 지도해야 할 때가 있다. 이때 아직 경험이 없거나
상대가 선배라는 이유로 할 말을 주저하는 경우는 없었는
가? 성경에서는 "누구든지 네 연소함을 업신여기지 못하게
하고 오직 말과 행실과 사랑과 믿음과 정절에 있어서 믿는
자에게 본이 되어"(디모데전서 4:12)라고 격려한다. 당신이
실없는 말을 하면, 자신이 해야 할 책임을 가볍게 여기고 있
는 셈이다. 또 상대방도 당신을 가볍게 볼 것이다.

젊을 때 열심히 배워 익히면 권위자가 될 수 있다. 그때는
잘못했을지라도 솔직히 인정하고 재출발할 수 있는 시기인

것이다. 그러나 당신이 권위만 내세운다면 남에게 폐를 끼치고 자신도 노력하지 않는 못된 사람이 되기 쉽다. 프랑스의 영웅 나폴레옹은 "힘에는 오류나 착각이 없다"고 호언장담했다. 하지만 당신이 이처럼 행동한다면 스스로 무덤을 파는 것과 같다.

"권위를 가지고 말한다"는 것은 당신에게 확신이 있을 때 비로소 가능하다. 어떤 일을 지시할 때에도 좋은 결과가 있으리라는 확신이 없으면 안 된다. 당신이 누군가에게 권유하거나 책망할 수 있는 지위에 올랐다 해도 멸시를 받아서는 안 된다.

올바른 지침이
없으면 멸망한다

묵시가 없으면 백성이 방자히 행하거니와 율법을
지키는 자는 복이 있느니라

_잠 29:18

묵시란 예언을 말한다. 예언이란 하나님의 말
씀이다. 유대인들은 언제나 하나님의 말씀에 순종함으로써
하나님의 백성으로 올바르게 살아갈 수 있었다.

그러나 그들이 교만해져 자신들의 생각대로 살고 하나님
의 말씀을 소홀히 여겼다. 처음에는 하나님이 예언자를 세
워서 그들에게 충고하셨지만, 그들이 귀를 기울이지 않자
하나님은 그들을 내버려두셨다. 결국 그들은 제멋대로 살다
가 그들의 나라는 멸망했다.

지금은 전 세계 사람들 누구나 하나님의 말씀인 성경을
볼 수 있다. 누구든지 성경을 구입해 성경의 올바른 규범이

나 판단을 알 수 있다.

어떤 대형 신문사의 주필은 책상의 두 서랍을 가리키며 말했다.

"이쪽 서랍에는 성경이 있고 저쪽에는 타자기가 있다. 만약 내 논설이 성경의 내용과 일치한다면 영원히 남을 것이다. 하지만 성경의 내용에 어긋난다면 사람들에게 잊힐 것이다."

링컨의 어머니도 어린 링컨에게 성경책을 주며 말했다.

"네가 1,000만 평의 논밭을 가지는 것보다 성경을 읽는 것이 더 기쁘다. 네가 그렇게 해주기를 바란다."

모든 일에는
때가 있다

날 때가 있고 죽을 때가 있으며 심을 때가 있고 심은
것을 뽑을 때가 있으며

_전도서 3:2

이 세상은 하나님께서 창조하신 것이므로 모든 일에 '하나님의 때'가 있다. 언뜻 보기에는 사람의 재능과 지혜에 따라 움직이는 것처럼 보인다. 하지만 당신이 그 배후에 하나님의 때가 있다는 것을 알게 되면, 당신의 삶은 변할 것이다.

첫째, 결코 서두르지 않는다. 사람들이 이때를 놓치면 두 번 다시 기회가 없을 거라고 말하는 경우가 있다. 또 자신도 그렇게 생각한다. 그러나 당신이 무리를 해서 그 기회를 놓치지 않으려고 한다면 그것은 진짜 기회가 아니다. 하나님은 결코 혼잡하거나 무리한 것을 요구하지 않으시기 때문이다.

둘째, 하나님의 때를 믿는 사람은 평소에 준비하고 노력하기 때문에 "지금이 기회이다"라고 떠벌리지 않아도 하나님께서 주시는 기회를 무리 없이 잡을 수 있다. 하나님의 때는 결코 우연히 오는 것이 아니다.

셋째, 하나님의 때를 믿는 사람은 환난당해도 실망하지 않는다. 지금 환난을 당할지라도 하나님의 허락이 없으면 결코 궤멸될 수 없다는 것을 알기 때문이다.

넷째, 설령 불리한 조건이 있어도 그것을 두려워하지 않는다. 하나님께서 문을 열어주신다는 것을 알고 있기 때문이다.

명확한 목표를 가져라

내게 무엇을 하여주기를 원하느냐 이르되
주여 보기를 원하나이다

_누가복음 18:41

　　　성경에서는 명확한 목표, 명확한 희망을 가져
야 한다고 가르친다. 이 성구의 대화는 다음과 같은 장면에
서 나온 것이다.

　예수님께서 여리고에 가까이 가셨을 때 어떤 맹인이 길
가에 앉아서 구걸을 하고 있었다. 그는 군중이 지나가는 소
리를 듣고 "무슨 일이냐"(누가복음 18:36)라고 물었다. "나사
렛 예수께서 지나가신다"(누가복음 18:37)는 말을 듣고 소리
를 크게 질러 외치기를 "다윗의 자손 예수여, 나를 불쌍히 여
기소서"(누가복음 18:38)라고 했다. 앞서 가던 사람들이 그
를 꾸짖고 말하지 못하게 했으나, 그는 더 큰 소리로 외쳤다.

"다윗의 자손이여 나를 불쌍히 여기소서"(누가복음 18:39)

그 소리를 들으신 예수님은 멈추어 서서 그자를 데려오라고 명하셨다. 그가 가까이 왔을 때 예수님은 "네게 무엇을 하여주기를 원하느냐"(누가복음 18:41)라고 물으셨다. 그가 "주여 보기를 원하나이다"(누가복음 18:41)고 대답했다. 예수님은 말씀하셨다. "보라, 네 믿음이 너를 구원하였느니라"(누가복음 18:42) 그러자 맹인이 곧 볼 수 있게 되었다. 그리고 하나님께 영광을 돌리며 예수님을 따라갔다. 이것을 보고 사람들은 모두 하나님을 찬양했다.

그 당시 맹인들은 걸식하며 살아갔다. 누구도 그들의 눈이 다시 보이게 되리라고는 생각하지 못했다. 그런데 이 맹인만은 예수님이라면 고쳐주실 거라는 확실한 믿음을 가지고 있었다. 그 믿음이 그를 구원하게 한 것이다.

염려로부터의
해방

그러므로 내일 일을 위하여 염려하지 말라 내일 일은
내일 염려할 것이요 한 날의 괴로움은 그날로 족하니라
_마태복음 6:34

예수님은 염려하는 사람들에게 이렇게 말씀하셨다.

무엇을 먹을까 무엇을 마실까 몸을 위하여 무엇을 입을까 염려하
지 말라 목숨이 음식보다 중하지 아니하며 몸이 의복보다 중하지
아니하냐 공중의 새를 보라 심지도 않고 거두지도 않고 창고에 모
아들이지도 아니하되 너희 하늘 아버지께서 기르시나니 너희는
이것들보다 귀하지 아니하냐 너희 중에 누가 염려함으로 그 키를
한 자라도 더할 수 있겠느냐 또 너희가 어찌 의복을 위하여 염려
하느냐 들의 백합화가 어떻게 자라는가 생각하여 보라 수고도 아
니하고 길쌈도 아니하느니라 그러나 내가 너희에게 말하노니 솔

로몬의 모든 영광으로도 입은 것이 이 꽃 하나만 같지 못하였느니라 오늘 있다가 내일 아궁이에 던져지는 들풀도 하나님이 이렇게 입히시거든 하물며 너희일까보냐 믿음이 작은 자들아 그러므로 염려하여 이르기를 무엇을 먹을까 무엇을 마실까 무엇을 입을까 하지 말라 이는 다 이방인들이 구하는 것이라 너희 하늘 아버지께서 이 모든 것이 너희에게 있어야 할 줄을 아시느니라(마태복음 6:25-32)

내일의 염려는 하나님께 맡기고 오늘은 오늘의 일만으로 힘차게 살아가자.

회개하는 마음

하나님께서 구하시는 제사는 상한 심령이라
하나님이어 상하고 통회하는 마음을 주께서
멸시하지 아니하시리이다

_시편 51:17

신앙생활에서 가장 중요한 것은 죄를 깊이 뉘
우치고 자기중심적인 생각을 버리는 것이다. 하나님은 유대
인에게 죄를 범하면 회개하라고 가르치셨다. 하나님은 그들
에게 희생 제물로 동물을 바치라고 명하셨다. 그러나 인간
은 악해서 죄를 범한 뒤 희생 제물만 바치면 그것으로 사함
을 받았다고 생각하고, 아무런 반성이나 뉘우치는 마음도
가지지 않았다. 그래서 하나님께서는 선지자(예언자)를 세
우셔서 시대마다 경고하셨다.

내가 너희 절기들을 미워하여 멸시하며 너희 성회들을 기뻐하지

아니하나니 너희가 내게 번제나 소제를 드릴지라도 내가 받지 아
니할 것이요 너희의 살진 희생의 화목제도 내가 돌아보지 아니하
리라(아모스 5:21-22)

이것은 아모스를 통한 하나님의 진노이다. 사람의 마음이
있는 곳에 그 사람도 있는 것이다. 그러므로 마음이 없을 때
에는 외견상 어떤 희생을 치렀다 해도 아무 소용이 없다.

인간 세계에서는 "결과만 좋으면 모든 것이 좋다"고 생각
하는 경향이 있지만, 사람을 창조하신 하나님께서는 그것을
허락하지 않으신다. 하나님께서는 사람의 마음을 보시기 때
문이다. 미국의 전도자 헨리 비처는 "회개는 향상의 별명이
다"고도 말했다.

세상과 타협하지 않는 처세술

너희는 이 세대를 본받지 말고 오직 마음을 새롭게
함으로 변화를 받아 하나님의 선하시고 기뻐하시고
온전하신 뜻이 무엇인지 분별하도록 하라

_로마서 12:2

어느 시대나 세상과 동화되어 살아가는 것이 처세술의 기본이다. 그 일의 선악을 제쳐놓고 동화되어 살아가는 것이 쉽기 때문이다. 성경에서 세상과 타협하지 말라고 한 것은, 이 세상을 쉽게 살려 하다보면 정의나 선, 개혁이나 전통 등 좋은 것들이 사라지기 때문이다. 또 본래 하나님께서 인간들을 개성적으로 만드셨는데, 세상을 쉽게 살아가려 하다보면 그 놀라운 개성들을 포기하게 되기 때문이다.

일본 히다 지방의 장인들에게는 "가난하게 살고 싶으면 기술을 연마하라"는 격언이 지금까지 전해지고 있다. 100량짜리 일을 주문받으면 120량 정도의 인건비와 재료비가 들기 때문에 결국 명장(名匠)일수록 가난해진다는 말이다. 교토의 거리 화가들은 생존을 위해 부채 장사를 했다. 유아 시절부터 그림과 글씨로 신동이라는 말을 들었던 이케 타이가 (池大雅)도 생존을 위해 부채에 그림을 그려서 팔았다. 그러나 그는 손님의 기호에 맞게 그림을 그리지 않아 부채가 잘 팔리지 않았다. 그러나 그의 뛰어난 기량은 야나기자와 기엔(柳沢淇園)에게 인정받아 대화가(大畵家)라는 소리를 듣게 되었다.

프랑스의 철학자 알랭은 "어떠한 직업이라도 자기가 지배하는 한 유쾌하며, 반대로 그 직업에 복종하면 불쾌할 것이다"며 자주 독립의 정신이 중요함을 강조했다.

부모의 조언

내 아들아 네 아비의 명령을 지키며
네 어미의 법을 떠나지 말고 그것을 항상
네 마음에 새기며 네 목에 매라

_잠언 6:20-21

"그것이 네가 다닐 때에 너를 인도하며 네가 잘 때에 너를 보호하며 네가 깰 때에 너와 더불어 말하리니"(잠언 6:22)로 이어지듯이, 인생에 대한 조언과 지혜, 길잡이가 되는 것이 바로 부모의 말이다.

설령 부모의 생활 태도가 모범적이지 못할지라도 부모는 자녀에게 교훈을 주어야 한다. 아이는 "그럼, 아버지는 무얼 했어!"라고 반발할지도 모른다. 그래도 아이에게 올바른 교훈을 주어야 한다. 왜냐하면 그것이 올바르기 때문이다.

어느 부모라도 "나를 본받으라"고 말하기는 매우 어려울 것이다. 그러기 때문에 말로라도 올바른 교훈을 주어야 할 필요가 있다. 이와 동시에 자신이 교훈대로 살지 못해 괴로워하고 있고 그렇게 살도록 항상 노력하고 있다는 것을 자녀들에게 알려줘야 한다.

그러면 아이들도 부모의 말씀이기에 따를 수밖에 없다고 생각하는 것이 아니라, 인간으로서, 자녀로서 따라야 하고, 따르도록 노력해야 함을 깨닫게 된다. 아이들도 부모가 되었을 때 자신들이 여전히 부족하지만 올바른 일이나 지혜는 아이들에게 가르쳐야 한다고 생각할 것이다.

만족한 생활

두 손에 가득하고 수고하며 바람을 잡는 것보다
한 손에만 가득하고 평온함이 더 나으니라

_전도서 4:6

지금 생활하는 데 아무 어려움이 없는데도 더
욱 나은 생활을 위해 바둥거리며 사는 것의 어리석음을 말
한다. 여기에 소개하는 한 미국 여성의 의식주는 언뜻 보기
에 매우 가난한 것처럼 보이지만, 그녀는 정신적으로 참 풍
요로운 생활을 하고 있다. 일본의 어느 대학에서 연구원으
로 일하는 노리 허들 씨는 일본에 온 지 3년째인 1950년
에 자기 생활을 소개했다. 월수입은 겨우 5만 엔, 그중에서
집세가 2만2,000엔, 저축이 무려 1만5,000엔, 나머지 1만
3,000엔이 생활비이고, 식비는 하루에 300엔이다.

그녀는 식사와 가사 일에 충분한 시간을 쓰고 즐기는 맘

으로 살고 있다. 아침 식사는 호화판이다. 현미, 삶은 콩, 채
소 무침, 달걀 또는 정어리 같은 작은 생선, 그리고 된장국을
먹는다. 점심으로는 반죽해놓았던 밀가루를 오븐으로 굽는
다. 요리를 손수 하면 연구원으로 일하면서 생기는 스트레
스를 해소하는 데도 효과가 있다. 주식과 다름없는 콩은 시
장에서, 채소류는 폐점하기 직전 가게에서 싸게 산다. 현미
와 콩을 먹으면 영양학적으로 육류를 먹을 필요가 없다. "자
기 주변의 사소한 일에서 기쁨을 발견하는 능력, 그것은 참
으로 중요한 것이다. 행복하기 위한 노력은 일상생활의 세
부적인 일들을 잘하는 것이다"고 그녀는 말한다. 끝으로 그
녀는 "나일론 스타킹이 두 켤레나 있다"고 자랑한다.

　로마의 철학자 세네카는 말했다. "지금 가진 것에 불만이
있다면 온 세계를 다 얻어도 불만이 있을 것이다." 성경에서
는 "선을 행하고 선한 사업을 많이 하고 나누어주기를 좋아
하며 너그러운 자가 되게 하라"(디모데전서 6:18)고 자족하
는 생활의 비결을 가르친다.

형제보다도 더
도움이 되는 이웃 사람

네 친구와 네 아비의 친구를 버리지 말며 네 환난
날에 형제의 집에 들어가지 말지어다 가까운 이웃이
면 형제보다 나으니라

_**잠언 27:10**

주변에서 친밀하게 교제하는 친구나 이웃이야
말로 어려울 때 도움이 되는 사람이다. 어려운 문제가 생겼
을 때 형제에게 상의하러 가면 형제는 "어려울 때에만 찾아
와서 귀찮게 군다"고 생각한다. 그러나 평소 친한 사람은 당
신의 고민을 자기의 고민처럼 듣고 도움 주기를 아끼지 않
는다.

예부터 "고향에 들어가면 고향의 법에 따르라"는 속담이
있다. 이것은 그 지방의 관습이나 풍속에 익숙해지라는 말
이다. 주변에 친밀한 사람을 빨리 만들라는 말로 해석해도
좋을 것이다. 언제나 멀리 떨어져 있는 형제를 의지하고 있

으면, 도리어 가까운 곳에서 신뢰할 수 있는 친구나 마음을 터놓을 수 있는 이웃 사람도 생기지 않는다.

지금 당신에게 가장 필요한 사람은 당신의 손이 미치는 범위 안에서 당신의 일에 관심을 보이는 이들이다. 당신을 위해 조언해주는 사람이다. 당신에게 힘을 주는 사람이다. 당신과 함께 기뻐해주는 사람이다. 당신의 괴로움을 알아주는 사람이다. 멋진 이웃은 보이지 않는 곳에서도 당신을 칭찬해주는 사람이다.

적극적인 삶

모든 일을 원망과 시비가 없이 하라

_빌립보서 2:14

불평불만이나 의심을 가지고 어떤 일을 하지
말라는 말씀이다. 어떤 사람이 월급쟁이에서 벗어나 장사를
시작했다. 그러나 좀처럼 잘되지 않았다. 무슨 일이든지 처
음부터 잘되지 않는 것은 당연한 일이다. 그런데 그는 "형제
가 자금을 지원해주지 않기 때문에 이런 작은 점포로 고생
해야 한다. 좀 더 입지 조건이 좋았다면……" 하면서 남에게
책임을 전가하고 불평했다.

그에게는 자신이 할 수 있는 일부터 최선을 다하겠다는
마음이 없었다. 자신과 같은 사람은 처음부터 그런 상황에
처해서는 안 된다는 것이다.

당신이 호박이 넝쿨째 굴러오기를 기대한다면, 선반에 호박을 얹어 놓을 사람이 필요하다. 그는 당신이 많은 곤란을 겪고 있으면서도 부지런히 노력하는 것을 보고 감탄하는 사람이다. 불평불만만 하는 사람에게 누가 도와줄 마음이 생기겠는가? 영국의 문학자 새뮤얼 존슨은 "불평불만을 늘어놓는 사람에게 연민보다 경멸을 느낀다"고 했다.

이와 마찬가지로, 일할 때 의심을 가지는 사람은 정성을 들이지 않으니 잘될 수 없다. 인내가 필요할 때 "이래서 되겠나? 방향을 전환했어야 하지 않았나? 나에게 이 일이 맞지 않은 것은 아닐까?"라고 생각한다. 이렇게 해서는 관문을 돌파할 수 없다.

가정생활에서는 "남편(아내)이 이렇게 해준다면 모든 것이 잘될 텐데"라고 하면서 배우자의 좋은 점은 당연한 것으로 여기고, 전혀 감사하지도 않고서는 배우자를 불신의 눈으로 본다. 그런 관점으로만 보는 자신을 반성하지 않고서는 가정은 회복될 수 없다.

타고 있는 배가 진흙으로 만든 것임을 알고 있더라도 침몰하지 않는 동안에는 전력으로 저어서 바닷가로 가라! 일본의 수영 선수 후루하시 히로노신(古橋広之進)은 수영 선수로는 치명적인 결함이 있었다. 왼손의 가운뎃손가락이 없었다. 이러면 수영 선수를 지망해서는 안 되었을 것이다. 그런데 그는 과감히 도전해서 물을 밀어내는 힘이 약하다는 단점을 극복했다. 그는 변칙 영법을 생각해냈다. 1949년이면 일본에 패전의 상처가 아물지 않았던 때이다. 아직 어두운 세상이었다. 많은 사람이 희망을 잃고 있었던 때이다. 그때 그는 1500m 경기에서 18분 19초 3이라는 대기록을 수립했다. 전 세계가 후루하시를 주목했다. 세계는 그를 '후지산의 날치'라는 애칭으로 부르며 칭찬했다. 그는 전 국민에게 커다란 자신감과 희망을 주었다.

마음을
깨끗하게 하라

화 있을진저 외식하는 서기관들과 바리새인들이여
잔과 대접의 겉은 깨끗이 하되 그 안에는 탐욕과
방탕으로 가득하게 하는도다 눈 먼 바리새인이여
너는 먼저 안을 깨끗이 하라 그리하면 겉도 깨끗하리라

_마태복음 23:25-26

일본의 다나카 카쿠에이(田中角榮) 전 수상은
"지금 우리 아이들에게 도덕을 확실하게 가르쳐야 한다"고
빈번히 말했다. 그러나 그 말이 잊히기도 전에 그는 5억
엔의 뇌물 수수 사건으로 체포당했다. 미국의 닉슨 전 대통
령도 워터게이트 사건이 발각되어 범죄자가 되었다.

성숙이란 자신의 내면을 객관적으로 바라보고 정결하게
하는 것이다. 사람들과 사회에 맞추는 것이 아니라 자신을
양심의 빛에 비추는 것이다. '양심'이란 말은 성경에서는 '하
나님의 마음'이란 의미를 가진다.

그러나 이 양심조차도 환경에 따라서 매우 왜곡되기도 하

고 무뎌지기도 한다. 그러므로 역시 하나님의 마음에 비추어보는 것이 필요하다.

모든 성경은 하나님의 감동으로 된 것으로 교훈과 책망과 바르게 함과 의로 교육하기에 유익하니 이는 하나님의 사람으로 온전케 하며 모든 선한 일을 행하기에 온전케 하려 함이니라(디모데후서 3:16-17)

서로 사랑하는 부부

아내들이여 자기 남편에게 복종하기를 주께 하듯 하라
이와 같이 남편들도 자기 아내 사랑하기를
자기 자신과 같이 할지니 자기 아내를 사랑하는 자는
자기를 사랑하는 것이라

_에베소서 5:22,28

성경에서 "아내를 얻는 자는 복을 얻고"(잠언 18:22)라고 했듯이 부부가 되는 것은 행복의 출발점이다. 행복은 두 사람이 서로 사랑하여 맺히는 아름다운 열매이다. 그것은 혼자 노력해서 얻어지는 것이 아니다. 배우자가 자신에게 필요한 존재임을 인정하고 자신을 사랑하듯이 배우자도 사랑하는 것이 행복의 비결이다.

누군가가 "아내를 존경하지 않는 남편은 자신을 멸시하는 자이다"고 했다. 세상에 위대한 업적을 남긴 사람들은 부부 사이에서도 모범적이었다. 구세군의 창설자 부스 대장은 말했다.

"나와 아내는 서로 복종하지만 상대방을 지배하는 듯한
느낌을 가진 적이 없었다. 그러나 그 복종의 마음도 서로 상
대방의 의사를 존중하는 가운데 자연히 사라지고 흔적조차
없게 된다."

일본의 하토야마 이치로(鳩山一郎) 전 수상는 크리스천이
었는데, 부부는 남이 아니라 자신과 같음을 알고 있었다. 그
만큼 자기의 연약함을 알고 도와준 아내에게 감사하여 이렇
게 말했다.

"기적처럼 내 건강이 좋아져서 2년 동안이나 수상직을 수
행할 수 있게 된 것은 아내가 헌신적으로 노력한 결과이다."

약한 자를
돕는다

믿음이 강한 우리는 마땅히 믿음이 약한 자의 약점을
담당하고 자기를 기쁘게 하지 아니할 것이라

_로마서 15:1

'강한 자'란 사물의 도리를 분간할 수 있는 사람를 말한다. 넓은 의미로는 건강, 부, 지식, 인내력 등 여러 가지 방면에서 뛰어난 사람을 가리킨다. 강한 자는 확실히 그들 나름대로 노력해서 그런 뛰어난 결과를 얻었겠지만, 그렇다고 약한 자를 깔보아서는 안 된다.

강한 자가 있다는 것은 한편으로는 약한 자가 있다는 말이다. 강한 자는 약한 자를 도울 수 있는 힘을 가졌기 때문에 자신을 기쁘게 하는 것에만 그 힘을 사용하지 말고, 약한 자를 도와주고 격려해주어야 할 것이다. 이럴 때 약한 자도 살아갈 수 있는 좋은 세상이 된다.

부자인 청년이 예수님께 찾아와서 제자 되기를 청했다. 예수님은 모든 재산을 팔아서 가난한 자에게 나누어주고, 와서 나를 따르라고 말씀하셨다. 그러자 청년은 슬픈 얼굴로 힘이 빠져 집으로 돌아갔다. 그는 많은 재산으로 이 세상에서 호화로운 생활을 하다가 죽은 뒤에는 천국에 가는 것을 바라며 예수님께 왔던 자기중심주의자였던 것이다.

당신이 지금 자신의 이익만을 좇는다면 당신의 협력자는 차츰 사라져버릴 것이다. 예수님은 "너희가 짐을 서로 지라" (갈라디아서 6:2)고 말씀하셨다.

겸손하라

이와 같이 너희도 명령받은 것을 다 행한 후에 이르기를
우리는 무익한 종이라 우리가 하여야 할 일을 한
것뿐이라 할지니라
_누가복음 17:10

우리들은 의무를 다하고 있는 것에 지나지 않
으면서도 그 일에 대해 칭찬을 받고 싶어 한다. 그래서 아무
말이 없을 때 화를 내거나 불쾌감을 나타낸다.

성경에서는 "우리가 하여야 할 일을 한 것뿐이라 할지니
라"고 가르친다. 그렇지 않으면 의무를 다한 만족감에 따른
기쁨을 느낄 수 없고 다만 불평불만과, 타인의 평가로 인한
스트레스를 안게 된다.

미국의 신문왕 허스트는 자신과 함께 30년간 근무한 브
리즈번 기자에게 "반년간의 유급 휴가를 줄 테니 여행이라
도 다녀오시오"라고 했다. 허스트는 브리즈번 기자가 매우

좋아할 것이라고 생각해 특별한 선물을 주었으나 브리즈번 기자는 바로 거절했다. 그는 "내가 6개월 동안 쉬면 신문 매출이 나빠질지도 모르고 전혀 영향이 없을지도 모른다"고 했다.

모두 브리즈번을 유능한 기자로 인정하고 있었다. 그렇기 때문에 그는 그 평가가 진짜인지 가짜인지 드러나는 것이 두려웠다. 평소 그가 "하여야 할 일을 한 것뿐이라"고 하며 겸손했더라면 그는 즐거운 휴가를 보낼 수 있었을 것이다.

타인을 위해 목숨을 버린다

내가 진실로 진실로 너희에게 이르노니 한 알의 밀이
땅에 떨어져 죽지 아니하면 한 알 그대로 있고 죽으면
많은 열매를 맺느니라

_요한복음 12:24

프랑스의 마르세유에 무서운 역병이 돌던 때
가 있었다. 날마다 장례의 행렬은 끊이지 않았고 거리마다
슬픔이 가득했다. 모든 의사가 모여서 대책 회의를 열었다.
그들은 새로운 전염병에 대해 어떻게 조치를 취해야 할지
몰랐다. 먼저 병원균의 정체를 규명해야 했다. 그런데 시체
에서 병원균을 채취한다는 것은 채취하는 의사에게 반드시
병원균이 전염된다는 것을 의미했다. 모두 말하지는 않았지
만 의사 한 사람의 목숨을 빼앗게 된다는 것을 알았다.

무거운 분위기를 뚫고 가이용 박사가 결의에 차서 일어나
말했다.

"여러분, 인류의 안전을 위해 내 목숨을 써주십시오. 내일 아침 일찍 저는 시체를 해부하겠습니다. 조사해서 알아낸 것을 상세히 기록해두겠습니다."

다음 날 가이용 박사는 자기가 본 것, 필요한 조치 등을 주의 깊게 기록했다. 그로부터 열두 시간 후에 그는 죽었다. 박사는 마르세유의 사람들을 위해, 아니 전 세계의 사람들을 위해 자기 생명을 바친 것이다.

사람이 친구를 위하여 자기 목숨을 버리면 이보다 더 큰 사랑이 없나니(요한복음 15:13)

이것은 성경의 중심 테마이고, 예수님께서 우리를 구원하기 위해 하신 일이다.

진짜 두려워해야
할 것은?

내가 내 친구 너희에게 말하노니 몸을 죽이고
그 후에는 능히 더 못하는 자들을 두려워하지 말라
마땅히 두려워할 자를 내가 너희에게 보이리니 곧 죽인
후에 또한 지옥에 던져 넣는 권세 있는 그를 두려워하라
내가 참으로 너희에게 이르노니 그를 두려워하라

_누가복음 12:4-5

어느 마술사의 집에서 사육되는 고양이가 그림 속 호랑이를 무서워했다. 그림이라고 해도 고양이에게 공포심은 같았다. 그래서 마술사는 고양이를 호랑이로 만들면 다시는 고양이가 호랑이를 겁내지 않을 것이라고 생각했다. 그는 솜씨를 발휘해 잽싸게 고양이를 호랑이로 변화시켰다. 그러자 고양이는 호랑이를 겁내지 않게 되었지만 이번에는 사람을 무서워하게 되었다.

이 같은 우화가 있을 정도로 세상에서 가장 무서운 것은 인간이다. 동물들은 보통 서로 싸우지만 죽이는 일이 없다. 상대방이 꼬리를 감추는 것처럼 패배의 의사 표시를 하면

다시는 공격을 하지 않는다. 그러나 인간은 사람을 예사로
죽인다. 이것이 이성과 교양을 가졌다는 인간이 하는 짓이
다. 그래서 사람은 사람을 두려워한다.

"무엇을 생각하고 있는지 모르겠다"는 말을 듣는 사람은
공포의 대상이 된다. "저놈은 인간이 아니야!"라는 말을 들
을 정도로 악한 정체가 드러난 사람은 더더욱 공포의 대상
이 된다. 그러나 이들은 대비할 수 있다. 그러므로 정말로 조
심해야 할 사람은 지극히 정상적인 생활을 하는 사람들인지
도 모른다.

그렇다고 해서 사람을 겁내면 당신의 인생은 위축되고 만
다. 이래서는 당신의 능력을 충분히 발휘할 수 없다. 능력을
발휘할 수 없다면 설령 살아 있다 해도 죽은 것과 마찬가지
이다.

하나님께서 당신을 보실 때 당신이 10의 능력을 갖고 있
으면서도 10의 능력을 나타내지 않는다면 그것은 죄라고
말씀하신다. 어떠한 이유라도 당신의 능력을 최대한도로 나
타내는 것이 당신의 의무이다. 여기에 당신의 만족이 있고
사는 보람이 있는 것이다.

당신이 위에 있는 사람의 권위를 두려워하고, 그와 다른
의견을 가지고 있으면서도 추종한다면 당신은 자기를 포기

한 것과 같다. 그러한 삶을 사는 자에게 영국의 극작가 셰익스피어는 "겁쟁이는 죽기까지 몇 번이나 죽는다. 용기 있는 자는 단 한 번의 죽음밖에 모른다"고 비꼬았다.

자기의 신념을 포기하거나, 굽히거나, 왜곡시키면 육체는 안전해도, 하나님께서 목적을 품고 만들어주신 당신은 벌써 죽은 것이다. 그렇게 되지 않으려면 "몸을 죽이고 그 후에는 능히 더 못하는 자들을 두려워"해서는 안 된다.

미국 대통령 루스벨트는 "우리들이 두려워해야 할 유일한 것은 두려움이다"고 말했다. 그렇다. 이 세상의 것으로 말미암은 모든 두려움의 포로가 되지 않는 것이다.

그것들이 당신의 영혼까지 죽일 수 없기 때문이다. 사람의 육체는 잠시 머무는 곳일 뿐이다. 영혼은 영원히 살아 있다. 그러므로 두려워해야 할 분은 다만 하나님뿐이다.

하나님은 당신이 육체에서 해방된 후에도 지난날 당신의 삶을 심판하신다. 성경에서는 그 상황을 이렇게 말하고 있다.

이는 우리가 다 반드시 그리스도의 심판대 앞에 나타나게 되어 각 각 선악 간에 그 몸으로 행한 것을 따라 받으려 함이라 우리는 주 의 두려우심을 알므로 사람들을 권면하거니와 우리가 하나님 앞

에 알리어졌으니 또 너희의 양심에도 알리어지기를 바라노라(고

린도후서 5:10-11)

돈을
빌려 쓰지 마라

부자는 가난한 자를 주관하고
빚진 자는 채주의 종이 되느니라
_잠언 22:7

옛날 유대 사회에서는 동포에게 빌려준 돈의
이자를 받아서는 안 되고, 담보로 웃옷을 취했을 경우에는
저녁에는 주인에게 돌려주어야 했다. 가난한 사람들에게 웃
옷은 유일한 잠옷이었다. 이와 같이 빌리는 쪽을 보호하는
유대 사회였는데도 돈은 빌리지 말라고 했다. 가난한 사람
들은 설령 돈을 빌릴 수 있다 해도 갚을 능력이 없기 때문에
이전보다 더 비참한 결과를 초래하게 된다. 아라비아의 속
담에 "빌린 외투는 따뜻하지 않다"는 말이 있다. 노력해서 인
쇄소를 개업한 프랭클린은 "돈을 빌려 내일 아침에 일어날
바에는 오늘 저녁 먹지 않고 자자"고 했다.

자기의 생활 태도나 사업의 방침을 바꾸지 않고 부족한 부분을 다만 빌린 돈으로 메워나간다면 결국 파탄이 난다. 당연히 변제 능력을 따지는 은행에서는 다시 돈을 빌려주지 않을 것이다. 은행 대신 다른 곳에서 돈을 빌리면, 그것은 더욱 자기 목을 조르는 일이다. 가난할 때에는 가난을 순순히 받아들여 생활해야 한다. 성경에서는 이렇게 말한다.

내가 궁핍하므로 말하는 것이 아니니라 어떠한 형편에든지 나는 자족하기를 배웠노니(빌립보서 4:11)

군인들도 물어 이르되 우리는 무엇을 하리이까 하매 이르되 사람에게서 강탈하지 말며 거짓으로 고발하지 말고 받는 급료를 족한 줄로 알라 하니라(누가복음 3:14)

우리가 먹을 것과 입을 것이 있은즉 족한 줄로 알 것이니라 부하려 하는 자들은 시험과 올무와 여러 가지 어리석고 해로운 욕심에 떨어지나니 곧 사람으로 파멸과 멸망에 빠지게 하는 것이라(디모데전서 6:8-9)

사람들 위에
서고 싶은 자

너희 중에는 그렇지 않을지니 너희 중에 누구든지
크고자 하는 자는 너희를 섬기는 자가 되고 너희 중에
누구든지 으뜸이 되고자 하는 자는 모든 사람의 종이
되어야 하리라

_마가복음 10:43-44

위대하다는 말을 듣는 지도적 위치에 있는 자
는 보통 그 위치에서 일하기에 적합하다고 사람들에게 추천
된 인물이다. 그 분야에서 지식이 풍부한 사람이고 인격적
으로 존경받기에 합당한 사람이다. 그가 권위를 가지고 사
람들을 섬기는 데 꼭 필요한 사람이기 때문이다.

사람 위에 서는 사람이 자기의 명예심이나 자존심을 채우
기 위해 그 지위를 획득하려고 한다면 모두 불행해진다. 이
런 사람은 권위를 잘못 이해하여 교만한 지배력으로 사용한
다. 이런 사람에게는 윗사람으로서 종의 직분이 없기 때문
에 백해무익하다.

유대 민족은 선지자를 통해 하나님께 자신들을 지배할 왕을 요구했다. 하나님은 처음에 그 요구를 듣지 않으셨으나 그들이 완악하다는 것을 아시고 왕을 세우셨다. 그러나 이때 왕이 그들 위에 지배자로 군림하게 될 것이라고 충고하셨다.

> 너희의 양 떼의 십분의 일을 거두어 가리니 너희가 그의 종이 될 것이라 그날에 너희는 너희가 택한 왕으로 말미암아 부르짖되 그날에 여호와께서 너희에게 응답하지 아니하시리라 하니(사무엘상 8:17-18)

하나님의 충고대로 나쁜 결과가 나왔다. 영국의 역사가 액튼은 "권력은 부패하기 쉽고, 절대 권력은 반드시 부패한다. 위인은 거의 악인이다"고 말했다.

그래서 사람들 위에 서는 자는 자신이 많은 사람을 섬기는 데 적합하기 때문에 사람들이 자신을 써주는 것이라고 생각해야 한다. 자신을 위해 살고, 자신의 재능을 자랑하는 자는 위대한 능력을 지녔다 해도 사람들 위에 세워서는 안 된다.

예수님은 무엇을 했을 때 "하여야 할 일을 한 것뿐이라"

(누가복음 17:10)고 가르치셨다. 세상 사람들은 이런 인물을 겸손하다고 인정하고, 그를 망설임 없이 지도자의 자리에 앉히는 것이다.

미국 독립전쟁 중에 사령관인 워싱턴은 외투를 입고 야영지에 갔다. 병사들은 방어벽을 만드는 작업을 서두르고 있었다. 한편에서 병장의 지휘 아래 한 무리의 병사들이 무거운 통나무를 들어 올리느라 비지땀을 흘리고 있었다. 병장의 호령으로 병사들은 혼신의 힘을 다해 통나무를 들어 올렸으나 힘이 모자라서 그만 떨어뜨렸다. 몇 번이나 다시 시도했으나 실패했다. 그들이 또다시 병장의 호령으로 통나무를 들어 올렸을 때 마침 워싱턴이 지나갔다. 그리고 병사들과 함께 통나무를 들어 올렸다.

워싱턴은 호령만 하고 힘을 보태지 않은 병장에게 "이런 무거운 것을 들어 올리는 데는 도움이 필요하다. 왜 당신은 병사들을 돕지 않았는가?"라고 물었다. 그 병장은 "왜 돕지 않았느냐고요! 제가 병장이라는 것을 모르셨나요?"라고 거만하게 말했다. 워싱턴은 "그래? 나는 사령관에 지나지 않는다. 이다음에도 병사들이 무거운 통나무를 들어 올릴 때 나를 불러달라"고 했다.

성경에서 말한다.

그러나 더욱 큰 은혜를 주시나니 그러므로 일렀으되 하나님이 교

만한 자를 물리치시고 겸손한 자에게 은혜를 주신다 하였느니라

(야고보서 4:6)

젊었을 때의 훈련

사람이 젊었을 때에 멍에를 메는 것이 좋으니

_예레미야애가 3:27

젊을 때의 예절 배우기와 훈련의 필요성을 가르친다. '멍에'는 두 마리 소의 목에 얹어서 같이 일하도록 만드는 것이다. 한 마리는 오랫동안 일을 해온 베테랑 소이다. 젊은 소는 일을 배워야 한다. 그러므로 젊은 소를 베테랑 소와 옆으로 나란히 세워서 일을 시킨다. 이렇게 함으로써 젊은 소는 싫어도 베테랑 소에게 일을 배우게 된다.

옛날 유대 사회에서는 아이들이 어렸을 때 반드시 기술을 배우게 했다. 예수님은 목수로 일하셨다. 그리스에 기독교를 전파한 세계 최초의 선교사 사도 바울은 학자였으나 그의 특기는 텐트 만들기였다. 선교사가 되었을 때 그는 텐트 만들기로 생계를 이을 수 있었다.

그는 신앙과 학문을 유대교 회당에서 배웠다. 젊을 때 그 밖의 장소에서 여러 가지 훈련을 받음으로써 타인에게 폐를 끼치지 않고 살아갈 수 있도록 성장했다.

이처럼 어린이 교육에서 유대인의 장점은 육체적으로나 정신적으로 각종 훈련을 받아들이고 견뎌낼 수 있는 시기에 훈련한다는 점이다.

성경에서 말한다.

무릇 징계가 당시에는 즐거워 보이지 않고 슬퍼 보이나 후에 그로 말미암아 연단받은 자들은 의와 평강의 열매를 맺느니라(히브리서 12:11)

노인을
존경하라

백발은 영화의 면류관이라
공의로운 길에서 얻으리라

_**잠언 16:31**

백발은 장수의 상징이다. 늙는다는 것은 하나님의 특별한 은혜이고 바르게 살아온 사람에게 주어지는 것이다.

노인은 하나님의 특별한 은혜로 살기에 노인에게는 몇 가지 역할이 있다. 그것은 노인에게 삶의 보람이기도 하다.

첫째, 길고 긴 인생길에서 얻은 뛰어난 기술을 젊은이에게 전해야 한다.

둘째, 체험을 통해 얻은 살아 있는 교훈을 가르쳐야 한다.

셋째, 사물을 객관적으로 볼 수 있으므로 사욕을 버리고 사회봉사를 해야 한다.

그러나 많은 노인들은 자신이 약자라고 생각하여 도리어 봉사받기를 기대한다. 그 때문에 노인의 미덕은 없어지고, 가족을 힘들게 만드는 귀찮은 존재로 취급받는 일이 적지 않다. 한 크리스천 노부인이 말했다.

"50세가 넘어 내 몸에 변화가 오고부터 자유와 평등, 성별을 따지지 않고 사람들을 온전히 보는 기쁨을 얻었다."

넷째, 젊은 사람에게 존경하는 마음을 갖게 만들어야 한다.

다섯째, 청년들, 즉 활동적인 사람들에게 연민의 마음이 생기게 만들어야 한다.

여섯째, 조용한 생활 방식으로 소란스러운 생활 방식을 돌아보게 만들어야 한다.

노인에게 이처럼 큰 역할이 있기에 성경에서는 "너는 센 머리 앞에서 일어서고"(레위기 19:32)라고 하며 노인을 존경하라고 가르치는 것이다.

서로 돕자

너희가 짐을 서로 지라
그리하여 그리스도의 법을 성취하라

_갈라디아서 6:2

상대방이 약하거나 어려움에 처할 때 상대방을 동정하는 것뿐 아니라 상대방이 다시 일어날 수 있도록 상대방에게 힘을 주라는 말씀이다.

첫째, 무거운 짐을 진다는 것은 상대방을 살리는 일이다. 한 내과 의사는 병원 창밖을 내다볼 때마다 울화가 치밀어 올랐다. 밖에서 사람들이 도로 공사를 하고 있었는데, 일할 의욕을 상실한 것처럼 보였기 때문이다. 며칠 후, 그들 옆을 지나가던 의사는 가까이에서 사람들의 얼굴을 보고 깨달았다. "아니, 모두 영양실조에 걸리지 않았나! 비타민 결핍과 기생충 때문이다." 의사는 그들을 무료로 치료해주었다. 그 결과 의사의 울화병도 자연스럽게 치유되었다.

둘째, 무거운 짐을 지면 자신도 살게 된다. 한 부인은 병약했기 때문에 집안일을 마음대로 할 수 없어 늘 초조했다. 남들이 자신을 동정하거나 도와주지 않는 것도 불만이었다. 그러던 중, 남편이 암으로 쓰러져 그녀가 어쩔 수 없이 남편을 돌봐야 했다. 그녀는 자신의 몸 상태를 잊고 열심히 남편을 간호하다가 문득 정신을 차리고 보니 자신이 아주 건강해졌다는 것을 깨닫게 되었다. 그녀의 간병 덕에 남편도 건강해졌다. 그러자 가정의 분위기가 아주 밝아졌다. 또 자기 위주로 살아온 생활 방식에서 벗어나 타인을 위해 수고하는 것이 얼마나 자신의 몸과 마음을 건강하게 만드는지 알게 되자 주위 사람들과의 관계도 좋아졌다. 그녀는 더욱 적극적으로 살아가게 되었다.

진리의 길에서 벗어나 미혹받는 자가 있다면 그들을 다시 돌아오게 하고, 당신에게 죄 지은 사람을 용서하며, 도리어 위로하고, 약한 사람들을 도와준다면 당신은 적극적인 인생을 살게 되고, 그들에게 둘도 없는 귀중한 사람이 될 것이다.

즐거워하는 자들과 함께 즐거워하고 우는 자들과 함께 울라(로마서 12:15)

죽음에서 교훈을
얻어라

초상집에 가는 것이 잔칫집에 가는 것보다 나으니
모든 사람의 끝이 이와 같이 됨이라
산 자는 이것을 그의 마음에 둘지어다

_전도서 7:2

죽음을 접할 때 우리는 두 가지를 배운다. 죽은 이의 삶의 방식이 보인다는 것과, 당신에게도 죽음은 확실히 온다는 것이다.

첫째로, 당신은 죽은 사람이 어떠한 생활 방식을 취해왔는가를 알 수 있다. 어떠한 생활 방식을 취해왔는가는 지금 전성기를 맞은 사람에게서도 알 수 있다. 하지만 그의 훗날은 미지수이다. 그가 교만하고 잘난 체하다가 하루아침에 몰락할 수도 있을 것이다.

그런데 '초상집'에 간다면, 한 사람의 죽음을 통해 인생의 희로애락과 영고성쇠를 알 수 있다. 한 사람의 생애가 파노

라마처럼 당신 앞에 나타날 것이다. 실패, 좌절, 인내, 노력, 평화, 헌신, 투병, 자기희생, 궁핍, 평안 등등.

일본의《분게이슌주(文藝春秋)》와《주간 아사히(朝日)》의 표지 작가로, 일반 사람들에게도 친근했던 야스이 화백이 있다. 어느 날 그의 화실에 방문한 사람이, 시들어버린 꽃이 꽃병에 꽂혀 있는 것을 보았다. 캔버스에는 장미꽃을 그리는 중이었다. 이를 알아차린 방문객은 "선생님, 꽃을 사다드릴까요?"라고 하며 바로 밖으로 나가려고 했다. 그러나 화백은 "감사합니다. 그러나 그대로가 좋습니다. 아니, 이렇게 둬야 합니다. 시들어버린 꽃이지만, 이것을 보면 시들기 전의 모습이나 색이 생각나니까요"라고 했다. 그러고는 캔버스에 장미꽃을 생생하게 그리기 시작했다. 이처럼 한 사람의 죽음은 당신의 인생 캔버스에 귀중한 교훈을 남긴다. 영국의 수필가 에디슨은 "사람의 명성에 최후의 광채를 발하게 하는 것은 다만 죽음뿐이다. 죽음만이 명성의 좋고 나쁨을 결정한다"고 말했다.

'잔칫집'에서 볼 수 있는 명성은 당신의 질투심을 불러일으킬지언정 공감을 불러일으키지 않는다. 그러나 '초상집'에서 보는 명성은 당신의 마음에 감동을 주지 않을 수 없을 것이다. 당신에게 용기를 줄 것이다. 당신에게 희망을 주고

재기의 힘이 솟아나게 할 것이다. 이렇게 함으로써 죽음은
당신이란 한 사람을 멋지게 살리는 것이다.

둘째로, 죽음을 자신의 문제로 생각하게 한다. 죽음은 모
든 사람에게 반드시 찾아오는, 피할 수 없는 대사(大事)이다.
그러나 아무리 생각해봐도 죽음은 어쩔 수 없는 소멸이기
때문에 사람들이 생각하지 않으려는 것이 보통이다.

그런데 성경에서는 죽음이 모든 고뇌에서 해방되는 은혜
라고 했다.

> 내가 들으니 보좌에서 큰 음성이 나서 이르되 보라 하나님의 장막
> 이 사람들과 함께 있으매 하나님이 그들과 함께 계시리니 그들은
> 하나님의 백성이 되고 하나님은 친히 그들과 함께 계셔서 모든 눈
> 물을 그 눈에서 닦아주시니 다시는 사망이 없고 애통하는 것이나
> 곡하는 것이나 아픈 것이 다시 있지 아니하리니 처음 것들이 다
> 지나갔음이러라(요한계시록 21:3~4)

이것이 하나님을 믿는 자들이 죽음에 의해 얻게 되는 것
이다.

한 나그네가 거칠고 험한 산길을 지나서 산꼭대기에 간신
히 도달했는데, 거기에는 하나의 문이 있고, 그 문에는 '죽음

오늘
내게
주시는
말씀

의 문'이라고 쓰여 있었다. 나그네는 그곳을 평안한 표정을 지은 채 지나갔다. 그러고는 또 한 번 뒤돌아서 문을 보고서 싱긋 웃었다. 왜냐하면 거기에는 '생명의 문'이라고 쓰여 있었기 때문이다.

일본 구세군 사령관 야마무로 군페이(山室軍平)는 "죽음이란 어두침침한 계단을 지나서 밝고 멋진 2층에 올라가는 것과 같다"고 표현했다. 또한 딘 앨프레드는 "우리가 여기서 '안녕히 주무세요' 하는 순간에 저쪽에서는 '좋은 아침입니다(Good Morning)' 하는 환영의 소리를 듣는다. 이것이 죽음이다"고 말했다.

하나님을 믿지 않는 자들에게는 죽음이 두려움과 절망밖에 되지 않으나 하나님을 믿는 자에게는 죽음은 모든 것으로부터의 해방이다.

사망아 너의 승리가 어디 있느냐 사망아 네가 쏘는 것이 어디 있느냐 사망이 쏘는 것은 죄요 죄의 권능은 율법이라 우리 주 예수 그리스도로 말미암아 우리에게 승리를 주시는 하나님께 감사하노니(고린도전서 15:55-57)

이 점을 잘 알고 있었던 사도 바울은 빌립보 교회의 사람들에게 이렇게 썼다.

이는 내게 사는 것이 그리스도니 죽는 것도 유익함이라 그러나 만일 육신으로 사는 이것이 내 일의 열매일진대 무엇을 택해야 할는지 나는 알지 못하노라 내가 그 둘 사이에 끼었으니 차라리 세상을 떠나서 그리스도와 함께 있는 것이 훨씬 더 좋은 일이라 그렇게 하고 싶으나(빌립보서 1:21-23)

모든 일에 사랑을 가지고 하라

내가 내게 있는 모든 것으로 구제하고 또 내 몸을
불사르게 내줄지라도 사랑이 없으면 내게 아무런
유익이 없느니라

_고린도전서 13:3

"끝이 좋으면 모든 게 좋다"거나 "결과가 좋으
면 만만세!"라고 하는 것이 보통 세상 사람들의 생각이다.
그러나 기독교에서는 결과보다 동기가 중요하다. 하나님
은 사람의 마음속 깊은 바닥까지 살펴서 아시는 분이기 때
문에, 마음을 자랑하지 않고 겉치레하는 자를 싫어하신다.
한편 예수님은 "마음이 청결한 자는 복이 있나니"(마태복음
5:8)라고 하시고, 자기 영예나 이득을 위하지 않고 순수하게
타인을 위하는 사람들을 기쁘게 보시고 축복하신다. 하나
님의 마음은 "네 이웃을 네 자신과 같이 사랑하라"(마태복음
19:19)는 말씀에서 잘 드러난다.

"십 년이면 강산이 변한다는데 이 이야기는 지금으로부터 이십 년 전으로 거슬러 올라간다." 이렇게 시작하는 책은, 시코쿠(四国)라는 작은 섬 어린이들의 성장통을 통해 전쟁의 비참함을 고발하여 일본 열도에 눈물이 흐르게 만든 쓰보이 사카에(壺井榮)의 명작 《스물네 개의 눈동자》이다. 작품에는 매우 가난한 생활이 묘사된다. 작가인 쓰보이 씨도 빈곤 속에서 고생하며 자라난 사람이었다. 그녀의 아버지는 술통을 만드는 장인이었다. 그는 아들딸이 열 명이나 되어 자식들을 먹여 살리는 것도 매우 어려운 일이었다. 그런데도 그녀의 부모는 고아 두 명을 제 자식같이 길렀다. 그녀는 이렇게 말했다.

"우리 집은 부잣집도 아니었고 아버지는 날품팔이 직공이었다. 그런데도 고아를 데려와서 길렀다는 것은, 지금도 내게 변함없는 감동을 준다."

그녀는 자기 부모의 삶에서 무언의 교훈을 받아 훗날 부모의 삶을 작품 속에 그려서 많은 사람들의 공감을 얻었다.

여러분도 사랑을 바탕으로 행동한다면 괴로운 의무감에서 해방될 것이다. 그리고 모든 일이 유익이 된다. 보잘것없었던 자신이 타인에게 없어서는 안 될 존재가 된다. 사랑은 모든 것을 완성시키기 때문이다.

사랑은 마치 프리즘과 같다. 태양 빛에 프리즘을 놓으면, 일곱 색깔의 아름다운 광선의 띠(무지개)가 나타난다. 당신 가정에, 직장에 사랑의 프리즘이 놓인다면, 하나하나의 물건이 아름답게 변화된다. 당신의 세계가 약동하게 된다. 이 사랑의 동력은 "사랑하는 자들아 하나님이 이같이 우리를 사랑하셨은즉 우리도 서로 사랑하는 것이 마땅하도다"(요한 1서 4:11)는 말씀에서 보듯 하나님이 우리를 사랑하기에 보내신 예수님을 믿는 것에서 생긴다.

대화의 비결

너희 말을 항상 은혜 가운데서
소금으로 맛을 냄과 같이 하라
그리하면 각 사람에게 마땅히 대답할 것을 알리라
_골로새서 4:6

한 사람 한 사람에게 적절히 말하기 위해서는 말이 뜻있고 알기 쉬워야 한다는 말씀이다. 모종의 목적을 가지고 한 이야기를 상대방이 이해했는지 못했는지 가장 쉽게 알 수 있는 방법은 대화이다. 대화하기 위해서는 "소금으로 맛을 냄과 같이" 뜻있고 알기 쉬운 말이 요구된다. 그렇지 않으면 아무리 열심히 말해도 말하는 목적은 달성되지 않는다. 상대편은 흥미를 잃고 말 많은 사람이라고 하며 귀찮아할 뿐이다.

대화가 되지 않으면, 가르치거나 설득하기 위해서 어떻게 말해야 좋을지 몰라 헤매게 된다. 프랑스의 사상가 디드로는 사람들에게서 웅변가라는 말을 들었다. 그러나 같은 사상가인 볼테르는 "확실히 디드로에게는 재능이 있다. 그러나 가장 요긴한 재능이 하나 빠졌다. 그것은 대화의 재능이다"고 말했다. 웅변가는 일방통행에 주의해야 한다.

중국의 속담에 "그대와 같이 하룻밤을 대화하는 것이 십년 독서하는 것보다 낫다"는 말이 있다. 소금으로 맛을 낸 대화가 상대방에게 얼마나 큰 기쁨을 주는지 잘 표현한 말이다. 소금으로 맛을 낸 말이, 영국 정치가 템플이 제시한 다음 사항을 따른다면 더욱 훌륭할 것이다. "첫째 진실, 둘째 양식(良識), 셋째로 명랑, 넷째 유머."

재능은
당신에게도 있다

각각 은사를 받은 대로 하나님의 여러 가지 은혜를 맡은
신한 청지기같이 서로 봉사하라
_베드로전서 4:10

    각 사람에게는 반드시 하나님께서 주신 재능
이 있기 때문에 모든 사람을 위해서 그것을 살려야 한다는
말씀이다. 영국의 세계적 희극배우 채플린은 밑바닥에서 허
덕이던 떠돌이 광대의 아들로 태어나 귀족(Sir) 칭호의 영예
를 누린 사람이다. 그는 "99%의 노력, 1%의 재능. 이 1%가
좋으면 잘될 수 있다"고 말했다.

    당신도 자신에게 무엇이든지 재능이 하나쯤은 있다는 것
을 알고 있을 것이다. 가끔 당신이 사람들에게 꾸중을 듣거
나 책망을 받으면 '나에게도 재능은 있다'고 생각하면서도
자신의 결점이나 실패가 보이기 때문에 어느새 자신감을 잃

게 된다. 그러나 당신에게도 확실히 좋은 점이 있으니 자신을 너무 비하하지 말아야 한다. 사람들은 좀처럼 타인의 좋은 점에 대해 칭찬하려 하지 않는다.

러시아의 작가 노비코프 프리보이는 "참다운 재능은 공작의 꼬리같이 자기 스스로 끌어내는 것이다"고 말했다. 당신이 자기가 살고 있는 집의 어딘가에 보물이 숨겨져 있는 것을 알았다면 직장을 쉬고라도 그 보물을 찾기 시작할 것이다. 타인의 도움도 청하지 않고, 마당 구석구석을 파서 뒤지고, 마룻바닥을 뜯고, 천장 위를 찾아 헤맬 것이다.

이처럼 당신 자신을 다시 살핀다면, 타인은 물론 자기 스스로 잊고 있었던 훌륭한 재능을 발견할 수 있을 것이다. 그리고 그것의 거미줄을 걷고, 99%의 노력으로 갈고 다듬어서 그것이 빛을 내게 만들어야 한다. 다이아몬드는 땅속에서 캐내어 멋진 디자인을 고안한 다음 갈고 닦아야 비로소 사람들을 눈부시게 하는 아름다움을 발한다.

당신은 하나님께서 다이아몬드 이상으로 귀히 여기고 사랑하는 사람이다. 러시아의 작가 고리키는 "재능이란 자기 자신을, 자기 능력을 믿는 것이다"고 말했다. 당신은 "아무도 나를 인정하지 않는다"고 비하하지 말고, 누구나 당신을 인정할 수밖에 없도록 당신의 재능을 끌어내고 그 재능을 연마해야 한다. 세계적 발명가 에디슨조차 "99%의 노력이 쓸만한 위대한 발명품을 만들어내는 비결이다"고 말했다.

당신은 자신의 재능을 살리는 환경이 없다고 세상을 비꼬아 보지 마라. 지금은 옛날과 달라서 이 세상은 사람들의 재능을 필요로 하고 있다. 편지 한 장으로 자기 아이디어를 팔수 있다. 자기 작품을 발표할 수 있는 장소도, 당신의 능력을 구하고 있는 곳도 많다. 하나님이 주신 재능을 자신의 열등의식 때문에 소홀히 한다면 자신의 존재 가치를 스스로 버리는 꼴이다.

예수님이 길을 가시다가 매우 시장하셔서 무화과를 따서 먹으려 하셨다. 그런데 열매를 맺어야 할 계절인데도 무화과나무에 열매가 하나도 없었다. 예수님은 무화과나무를 향해 "이제부터 영원토록 사람이 네게서 열매를 따 먹지 못하리라"(마가복음 11:14)고 말씀하시자 무화과나무가 당장 시들어버렸다.

그러므로 당신의 재능은 쓰기 위해 있는 것임을 알고 자신감을 가지고 사용하라. 성경에서는 자신의 재능을 전체의 유익을 위해 쓰라고 가르친다. 그것은 당신의 유익을 위한 것이 아니기 때문이다. 사회에 필요한 일부인 것이다.

어떤 사람은 자기 유익만을 위해 자신의 재능을 사용하려고 하지만 그것은 재능의 악용(惡用)이다. 좋은 행위를 하고 사람들에게 나누어주는 것을 기뻐하라는 것이 하나님의 뜻이다. 그렇게 하면 당신의 활동에 적합한 보상을 받을 것이다. 또한 이 세상에서 보상을 받지 못한다 해도 하나님께서 당신의 활동을 보상하실 것이다.

우리에게 주신 은혜대로 받은 은사가 각각 다르니 혹 예언이면 믿음의 분수대로, 혹 섬기는 일이면 섬기는 일로, 혹 가르치는 자면 가르치는 일로, 혹 위로하는 자면 위로하는 일로, 구제하는 자는 성실함으로, 다스리는 자는 부지런함으로, 긍휼을 베푸는 자는 즐거움으로 할 것이니라 (로마서 12:6-8)

동정심

즐거워하는 자들과 함께 즐거워하고
우는 자들과 함께 울라

_로마서 12:15

사람들에게서 "저 사람은 고생한 사람이다"는
말을 들으면서 신뢰를 받는 노인에게 질문한 적이 있다.

"누군가가 행복해서 기뻐하고 있을 때 같이 기뻐하고, 슬
퍼하는 사람이 있을 때 같이 슬퍼하는 게 쉬운 일입니까?"

"글쎄요, 기뻐하는 사람과 같이 기뻐하는 게 더 쉽지 않을
까요?"

그러고 나서 며칠 후 그 노인을 만났다. 그런데 그는 "먼젓
번에 다르게 말했는데 어쩐지 같이 기뻐하는 것이 훨씬 어
려운 일 같아요"라고 머리를 긁적거리면서 말했다.

'질투한다'는 말이 있듯이 "즐거워하는 자들과 함께 즐거

위하"는 것은 좀처럼 하기 힘든 일이다. 그러나 자신의 생활 방식이 확고한 사람은 할 수 있다. 그런 사람은 타인과 자신을 비교하면서 살지 않는다. 마음이 넓고 부드럽기 때문이다. 자신이 목표로 삼는 생활을 영위하는 것이 비결이다. "우는 자들과 함께" 우는 것은 동정심의 발로이다. 다른 사람의 마음을 헤아리는 것이다. 영국의 작가 스마일스는 "동정은 사람의 마음을 여는 황금 열쇠이다"고 했다. 볼크는 "동정은 사랑 다음으로 사람의 마음속에 있는 가장 신성한 정서이다"고 하며 동정의 미덕을 찬양했다.

마음을 다스려라

노하기를 더디하는 자는 용사보다 낫고
자기의 마음을 다스리는 자는
성을 빼앗는 자보다 나으니라

_잠언 16:32

영웅보다도 자제력이 있는 자가 더 강하고, 군대를 자유롭게 움직이는 지휘관보다 자제력이 있는 자에게 더욱 힘이 있다는 말씀이다. 한 안과 의사는 "성난 사람은 곧 알 수 있어요. 눈을 검사할 수 없기 때문이에요. 왜냐하면 정확히 보지 못하니까요"라고 했다. 또한 내과 의사는 자기의 경험을 통해 이렇게 충고한다. "한 환자를 조사했더니 기분이 좋을 때는 소화가 잘되었으나 기분이 나빠지자 당장 소화가 되지 않았다. 그래서 식사 때는 기분을 좋게 하고 기분이 나쁠 때는 식사 시간을 미루어야 한다."

노함은 자신의 육체를 상하게 할 뿐만 아니라 타인들에게도 상처와 아픔을 준다. 어떤 잔치에 영국의 군인이자 탐험가인 월터 롤리와 그의 아들이 초청되었다. 그의 아들은 뜻하지 않게 그 자리에서 자기 아버지를 욕했다. 크게 화가 난 아버지는 곁에 있는 아들을 때렸다. 그러자 아들은 옆 사람을 때리며 "차례로 옆 사람을 때리세요. 그러면 아버지도 맞을 테니까요"라고 말했다.

성경에서는 "허물을 용서하는 것이 자기의 영광이니라"(잠언 19:11)라고 했다. 당신은 자기 마음을 다스리는 것으로 영광의 왕이 될 수 있다.

인자한 마음

사람은 자기의 인자함으로
남에게 사모함을 받느니라
_잠언 19:22

누군가 당신에게 소원을 들어준다고 하면 당
신은 어떤 것을 바랄 것인가? 당장 생각나는 것은, 돈이나
자동차, 주택 같은 물질적인 것일지도 모른다. 그때 그들이
당신에게 그 대가로 불손한 태도를 취한다면 기뻐할 수 있
을까?

상대방이 매번 생색을 내면 당신에게는 이전의 감사한 마
음은 사라지고 반감이 생길 것이다. 이와 같은 심리는 당신
을 행복하게 하지 못하고, 물질 자체도 순간의 만족은 줄지
언정 행복으로 이어지지 않을 것이다.

학교 내 폭력, 도둑질 등으로 훈육 지도를 받은 중학생은

어머니의 눈빛이 몹시 싫다고 말했다. 조금이라도 나쁜 짓을 하면, 어머니는 시끄럽게 잔소리하는 대신에 냉정한 눈빛으로 쳐다본다는 것이다.

"나는 타인에게서도 그런 눈빛을 받은 일이 없어요"라고 하며 어머니의 냉정한 태도에 분노를 느끼고 있었다. 이 소년에게 필요한 것은 자기 방이나 자전거와 녹음기가 아니라 어머니의 인자한 마음이다.

이 중학생은 자기를 이해해달라는 것이다. 그는 이 점을 알지 못하나 인자한 마음을 접하면 비로소 자신의 바람이 무엇이었는지 확실히 안다. 그의 마음이 열리게 되는 것이다.

인자한 마음에는 사랑, 연민, 진실, 친절, 덕행, 호사(好事), 순정, 충성 등 상대방을 좋게 만드는 모든 요소가 있다. 이것은 굳은 마음을 녹여준다. 그래서 하나님은 유대인에게 인자함을 기뻐하고 희생을 기뻐하지 않는다고 훈계하셨다. 유대인은 하나님께 꾸밈없이, 배운 대로 예배드리면 된다고 생각했지만 하나님은 진실된 마음, 하나님을 경외하는 마음, 인자한 마음을 요구하셨다.

이웃 사람과의 다툼

너는 이웃과 다투거든 변론만 하고 남의 은밀한 일은
누설하지 말라 듣는 자가 너를 꾸짖을 터이요 또 네게
대한 악평이 네게서 떠나지 아니할까 두려우니라

_잠언 25:9-10

예수님은 "네 형제가 죄를 범하거든 가서 너와
그 사람과만 상대하여 권고하라"(마태복음 18:15)고 가르치
셨다. 문제를 해결하기 위해서는 가능한 한 감정을 억제할
필요가 있다. 그렇지 않아도 자신이 많은 피해를 입은 것처
럼 여기기 때문이다.

제3자에게 다툼을 누설하는 것은 동정을 얻으려는 목적
이다. 그러나 듣는 사람은 입으로는 편드나 마음속으로는
누설한 사람을 얕잡아 보기 쉽다. 나중에 진상이 밝혀져서
상대방을 비방한 사람이 잘못한 거라면 사람들은 다시는 그
를 신뢰하지 않게 된다.

그런 일이 없다 해도, 문제는 당사자끼리 해결하는 것이 좋다. 아무리 상대방이 나빴다 해도, 그 사람이 나중에 회개하고 세상 사람들에게 손가락질을 받지 않게 된다면, 그 뒤의 생활이 얼마나 평안하겠는가. 그렇지 않으면 세상 사람들의 백안시로 말미암아 회개하고 새 삶을 살기 시작한 사람은 얼마 안 가서 자신이 바보스러웠다고 하며 마음을 바꿀지도 모른다.

예수님은 "일곱 번뿐 아니라 일곱 번을 일흔 번까지라도"(마태복음 18:22) 용서하라고 말씀하셨다. 이것은 상대방이 새로 일어날 수 있도록 하기 위함이다.

너를 미워하는 사람에게
친절히 하라

네 원수가 배고파하거든 음식을 먹이고
목말라하거든 물을 마시게 하라
_잠언 25:21

베두인족에 속하는 두 부족은 오랫동안 적대
시하고 서로 증오했다. 어느 날 한쪽의 부족 사람이 긴 여행
을 떠났다. 무사히 여행을 마친 그는 돌아오는 길에 황야에
서 걸음을 재촉하고 있었다. 그는 자신의 마을에 도착하기
전에 보통 길가의 동네에서 식량을 얻었으므로 가진 식량이
부족했다.

반년 만에 돌아오는 곳에는 기근이 들어 있었다. 게다가
방목하는 가축은 역병으로 거의 전멸하다시피 했다. 따라서
어느 마을에서도 식량을 얻지 못했다.

그는 배고픔에 허덕이면서도 곧 도착하는 마을에 희망을

걸고 계속 걸었다. 이윽고 한 천막을 발견한 그는 도움을 청하러 천막에 들어서는데 깜짝 놀랐다.

거기에는 미워하던 다른 부족 사람들이 살고 있었던 것이다. 거기서도 기근 때문에 낙타의 젖은 거의 나오지 않았고, 양도 한 마리만 남아 있었다.

천막의 주인은 그를 자기들의 적인 줄 알면서도 맞아들였다. 그리고 자기 가족이 먹기 위해 남겨둔 낙타 젖을 주었고, 그뿐 아니라 그를 위해 마지막으로 남겨둔 한 마리 양을 잡았다.

성경에서 이렇게 말했다.

악에게 지지 말고 선으로 악을 이기라(로마서 12:21)

미지근함을
제거하라

내가 네 행위를 아노니 네가 차지도 아니하고 뜨겁지도
아니하도다 네가 차든지 뜨겁든지 하기를 원하노라
네가 이같이 미지근하여 뜨겁지도 아니하고 차지도
아니하니 내 입에서 너를 토하여버리리라

_요한계시록 3:15-16

이것은 철저하지 못한 신앙을 하나님께서 경
고하는 말씀이다. 이 미지근한 태도는 사업을 비롯한 모든
분야에 만연되어 있기에 오늘날 특히 우려되는 문제이다.

여기에는 두 가지 문제점이 있다. 하나는 책임을 지는 데
철저하지 못하다는 것이다. 평소에 불조심을 강조하던 큰
절에서 화재가 발생하여 건물이 순식간에 소실되었다. 원인
이 어디에 있었을까?

겨울이 다가왔으니 절에서 가장 높은 승려가 "불조심!"이
라고 말했다. 둘째로 높은 승려도 다음 승려에게 "불조심!"
이라고 말했다. 이렇게 해서 아주 어린 승려에게까지 "불조

심"이란 말이 전달되었다. 그러나 화재를 막을 수 없었다. 그들 한 사람 한 사람이 "불조심"이라고 외쳤을 뿐 미리 물통을 준비한다거나 야경(夜警)을 돌기 시작하는 것과 같은 노력을 하지 않았기 때문이다.

또 하나는 자신들이 미지근한 상태에 있다는 것을 전혀 깨닫지 못했다는 것이다. 이것이 더 큰 문제이다. 깨닫지 못할 때에는 태평하게 지낼 수 있지만, 얼마 안 가서 결정적인 위험에 부딪히게 되면, 돌이킬 수 없는 비극이 발생한다.

〈물고기가 떠오른 날〉이라는 영화가 있다. 그리스에 가까운 지중해의 작은 섬 근처에서 핵 물질을 실은 NATO의 폭격기가 추락했다. NATO 군은 폭격기에서 핵 물질을 회수하기 위해 관광객으로 위장하고 비밀리에 탐색대를 섬에 파견했다. 그러나 그들은 목숨을 건 탐색에도 불구하고 핵 물질을 발견하지 못했다. 이미 이 섬의 양치기가 낙하산에서 내려온 물체를 발견하고 내용물을 빼낸 것이다. 내용물에서 나온 것은 몇 개의 돌덩이 같은 금속뿐이었다. 실망한 양치기는 그것을 바다에다 던져버렸다.

그날 저녁, 관광객들이 북적거리는 해변에 하얀 배를 드러내며 죽은 물고기들이 무수히 떠올랐다. 바닷속에 떨어진 핵 물질의 피해가 나타나기 시작한 것이다.

관광객들도 섬사람들도 왜 그런 일이 일어났는지 몰랐다. NATO 군의 탐색대는 더는 손댈 수 없다는 것을 알고, 이 위험한 섬에서 재빨리 철수했다. 그러나 그들도 자신들이 모르는 사이에 이 섬의 물을 먹고 있었다.

당신은 자신을 객관적으로 다시 봐야 할 필요가 있다. 싫더라도 말이다. 자신을 타인과 비교해서 "내 나름대로 잘하는 편이 아니냐"라며 자기만족에 빠져서는 안 된다. 당신에게 다른 사람들이 기대하는 것은 당신 자신의 능력이지 타인과 비교할 때의 당신의 능력이 아니다.

당신이 계장(係長)일 때 과장의 능력을 가지고 있으면서도 계장의 직분에 만족하고 머물러 있다면, 이는 기대를 배반하는 것이 된다. 키 재기를 하라는 말이 아니다. 하나님이 당신에게 주신 능력에 따라 일하는 것이 바로 하나님과 사람들에게 인정받는 길이다.

부지런한 자의 손은 사람을 다스리게 되어도 게으른 자는 부림을 받느니라(잠언 12:24)

현명한
삶의 방식

땅에 작고도 가장 지혜로운 것 넷이 있나니
곧 힘이 없는 종류로되 먹을 것을 여름에 준비하는
개미와 약한 종류로되 집을 바위 사이에 짓는 사반과
임금이 없으되 다 떼를 지어 나아가는 메뚜기와 손에
잡힐 만하여도 왕궁에 있는 도마뱀이니라

_잠언 30:24-28

　　사람은 똑같은 능력을 가지고 있지 않다. 어떤
사람은 태어날 때부터 신체적 약점을 가졌다. 어떤 사람은
후천적으로 어려움을 겪기도 한다.

　　지적인 면에서나 체력적인 면에서 각 사람에게 갖가지 약
점이 있다. 그렇다고 해서 이 세상이 살기 어렵고, 남들은 내
게 아무것도 해주지 않으며, 누가 나를 이렇게 만들었느냐
고 삐뚤어지게 생각해봤자 아무런 해결책이 나오지 않는다.

　　그래서 성경에서는 힘이 없는 작은 동물이나 곤충의 삶의
방식으로 우리를 격려한다. 개미는 베짱이가 자유롭게 이곳
저곳을 날아다니면서 좋아하는 풀잎을 갉아 먹고 마음 내키

는 대로 노래하는 것을 보고는 부러워한 나머지 자기 생활을 포기했을까? 작은 몸으로 힘을 써서 버티는 것도 어려울 텐데 한여름의 뙤약볕에서 열심히 식량을 모아 저장한다. 그 시기에 가장 많은 식량을 모을 수 있기 때문이다. 바위너구리(사반)는 외적(外敵)에게 대항할 힘이 없다는 것을 알고 있기 때문에 자기 집을 안전한 요새로 만들었다. 그래서 안전한 바위틈에 거처를 정했다.

메뚜기는 떼를 지어서 살고 있지만 그것들에게 지도자는 없다. 그것들은 흩어지면 매우 약한 생물인데, 지도자 없이 일치단결하고 서로 협력함으로써 땅 위의 어떤 생물도 막을 수 만큼 강력한 파괴력을 발휘한다. 도마뱀도 사람에게 쉽게 잡힐 수 있는 힘없는 생물이다. 하지만 임금의 궁전 안에서도 손쉽게 살아갈 수 있다. 그 넓은 왕궁은 그들의 안전한 거처가 된다. 도망치려면 얼마든지 길이 있다. 이와 같이 힘은 약하지만 그것들의 생활 방식을 연구하면 그것들은 정정당당하고 힘차게 살아가는 것을 볼 수 있다.

성경에서는 "각각 자기의 짐을 질 것이라"(갈라디아서 6:5)고 했다. 어려운 일에 부딪혔을 때 도피하지 말고 그것을 그대로 받아들인 다음, 그 자리에서부터 다시 시작하라고 가르친다. 그 자리에서 지혜와 용기를 발휘할 수 있는 것이다.

랄프 왈도 에머슨은 "지혜와 용기는 위대한 일을 한다. 그
리하여 그 사람의 이름을 후세에 남긴다"고 했다.

가난한 자를
불쌍히 여겨라

가난한 자를 불쌍히 여기는 것은
여호와께 꾸어드리는 것이니
그의 선행을 그에게 갚아주시리라

_**잠언 19:17**

가난한 사람에게 베푸는 것은 하나님께 꾸어
드리는 것과 같다. 나중에 넉넉하게 이자가 붙어서 되돌아
온다는 말씀이다.

어느 날 미국 미시간 주에 있는 병원에 남루한 차림의 사
나이가 도착했다. 그는 아주 쇠약해져 있었는데도 오는 도
중에 그에게 말을 건 사람이 없었다고 한다.

병원에서는 곧바로 그를 입원시키고 치료를 시작했으나
루이스 토울 씨는 크리스마스 날 아침에 암으로 사망했다.
그는 죽음 직전에 병원 사람들의 친절함에 감동하여 변호사
를 불러 유언장을 고쳐 쓰게 했다.

그가 죽은 뒤 사람들은 그가 21만1,000달러의 재산을 가진 부호라는 것을 알고서 깜짝 놀랐다. 토울 씨는 병원에 7만5,000달러를 기부한다고 유언해 사람들을 두 번 놀라게 했다. 병원에서는 당장 필요했던 침대 쉰세 개짜리 병동을 만들고 병동에 토울 씨의 이름을 붙였다.

하나님은 사람의 마음을 움직이시는 분이다. 예수님은 이렇게 말씀하셨다.

주라 그리하면 너희에게 줄 것이니 곧 후히 되어 누르고 흔들어 넘치도록 하여 너희에게 안겨 주리라 너희가 헤아리는 그 헤아림으로 너희도 헤아림을 도로 받을 것이니라(누가복음 6:38)

결혼

그러나 너희도 각각 자기의 아내 사랑하기를
자신같이 하고 아내도 자기 남편을 존경하라

_에베소서 5:33

결혼이란 마치 재산 상속과 같다. 재산 중에는
지금부터 평생토록 갚아야 할 부채도 포함된다. 1억 엔의 돈
을 받았다고 하면, 그와 동시에 다달이 30만 엔씩 갚아야 하
는 부채도 짊어졌다는 말이다. 좋은 것 외에는 필요 없다는
식으로 결혼을 생각해서는 안 되는 것이다.

결혼하기 전에는 상대편의 좋은 점만 보려고 한다. 결점
은 의식적으로 무관심한 척한다. 그런데 결혼하면 당연히
부족한 면이 보이기 때문에 갈등하고 실망한다. 최후에는
"나는 나, 너는 너"이기 때문에 "지금 방법이 없다. 헤어질 수
밖에 없다"고 생각한다. 그러고는 간단히 헤어진다.

일란성 쌍둥이조차 유전적으로는 동일한 개체이면서도 태어난 후 환경의 차이 때문에 각각 다른 인격을 소유한다. 그러므로 서로 다른 사람이 결혼해 함께 살면서 많은 어려움을 겪는 것은 당연한 일이다.

성경에서 "네 자신같이 사랑하라"(마태복음 22:39)고 가르친다. 우리는 보통 왼손을 오른손처럼 자유롭게 쓰지 못한다. 그래도 왼손이 필요 없다거나 왼손을 끊지 않는다. 왼손의 역할을 인정하기 때문이다. 마찬가지로 결혼한 사람에게 배우자는 끊을 수 없는 자신인 것이다.

언제나
용서하라

만일 서로 물고 먹으면 피차 멸망할까 조심하라

_갈라디아서 5:15

        서로 싸우는 일은 멸망을 불러올 뿐이라는 말씀이다. 싸움 중에 가장 큰 것은 전쟁이다. 인류는 지금까지 많은 전쟁을 겪었다. 그때마다 이겨도 이득이 없다는 것을 배웠다. 그런데 유사(有史) 이래 지금까지 싸움은 계속되고 있다. 그리하여 오늘날 핵전쟁에 의한 인류의 멸망을 예측하면서도 전력을 증강하고 유지하기 위해 경쟁하고 있다. 우리들 주변에서도 마찬가지이다. 서로 다투면 초조함과 불안함이 당신을 엉망진창으로 만들 것이다.

      일본 에도 시대에 교쿠테이 바킨(曲亭馬琴)이 번역하고, 가츠시카 호쿠사이(葛飾北齊)가 삽화를 그려 두 인기 작가의 공동 작품으로《수호전(水滸傳)》이 출간되었다.

잘 팔렸기 때문에 출판사에서 속편을 내려고 했다. 그런데 삽화 문제로 두 사람의 의견이 충돌하여 마침내 바킨이 번역을 포기했다. 호쿠사이는 "누가 번역하든 관계없다. 내그림이 좋아서 팔리는 것이기 때문이다"고 자만심을 가졌다. 그러므로 바킨 대신 출판사에서 정한 다카이 란산(高井蘭山)이 번역해도 별로 신경 쓰지 않았다. 도리어 "바킨이 아니라도 좋은 책을 만들 수 있다는 것을 증명하여 바킨에게 본때를 보여주겠다"고 말했다. 그러나 호쿠사이는 완성된 원고를 읽고 "아, 이럴 줄 알았더라면 싸우지 않았을 텐데"라고 하며 실망을 금치 못했다. 그래서 성경에서는 "너를 고발하는 자와 함께 길에 있을 때에 급히 사화하라"(마태복음 5:25)고 말한다.

아랍인들은 두 사람만 있을 때는 결코 완력을 휘두르지 않는다고 한다. 처음에는 입씨름하다가 차츰 목소리가 커지고, 그걸 보고 사람들이 그들을 둘러쌀 무렵에야 서로 붙잡고 덤벼든다. 그러면 주위의 누군가가 중재 역할을 해서 싸움이 끝난다. 이런 방법으로 큰 사고가 나지 않게 하는 것이다. 그들은 싸움이 시작되면 어떻게 끝나게 할 것인지 항상 생각하는 것이다. 그렇지 않고 당사자인 두 사람만 남는다면 죽음에 이르거나 걷잡을 수 없는 사태로 발전할 수 있기 때문이다.

동물은 싸움 상대가 꼬리를 내리면 더는 공격하지 않는다. 싸울 때 자존심을 내세우는 것은 금물이다. 그렇지 않으면 당신은 물러날 타이밍을 잃어서 이기거나 지더라도 큰 상처를 입을 것이다. 이겨도 상대편에게 미움을 받고 타인의 동정을 받지 못한다. 사람들은 당신이 싸움꾼이라며 싫어한다.

예수님은 자기 파멸에서 벗어나고, 상대편에게도 상처 주지 않으며, 또한 상대편이 잘못했으면 그에게 반성할 기회를 주어서 악에서 돌아서게 하는 방법을 이렇게 가르치고 있다.

그때에 베드로가 나아와 이르되 주여 형제가 내게 죄를 범하면 몇 번이나 용서하여주리이까 일곱 번까지 하오리이까 예수께서 이르시되 네게 이르노니 일곱 번뿐 아니라 일곱 번을 일흔 번까지라도 할지니라(마태복음 18:21-22)

선행은 반드시
보답받는다

우리가 선을 행하되 낙심하지 말지니 포기하지
아니하면 때가 이르매 거두리라

_갈라디아서 6:9

        선한 행위는 반드시 언젠가 보답을 받게 된다. 이 세상을 조금이라도 살기 좋게 만들기 위해서는 선행이라는 영양분이 꼭 필요하다. 그러므로 실망하거나 체념하지 말고 선행을 계속해야 한다. 영양분은 늘 소비되기 때문에 나날이 공급되어야 한다.

    보답을 기대하지 말고 이 세상을 조금이라도 살기 좋게 만들기 위해서 선의의 힘을 계속 쏟아부어라. 당신의 힘을 필요로 하는 사람이 너무나도 많기에 예수님은 "주라 그리하면 너희에게 줄 것이니"(누가복음 6:38)라고 말씀하셨다.

    "나에게는 돈이 없다. 체력도 없다. 지혜도 없다. 이런 내게는 아무것도 줄 것이 없다"고 말하는 사람에게 가르쳐줄 게 있다. 옛날부터 전해오는 '무재(無財)의 칠시(七施)'이다.

1. 사랑의 눈빛을 보인다.
2. 밝은 얼굴로 대한다.
3. "고맙습니다", "미안합니다", "자, 먼저 하세요"라는
   말을 건넨다.
4. 공경하는 태도, 예의 바른 태도를 가진다.
5. 아름다운 동정심, 측은지심을 품는다.
6. 좌석을 양보한다.
7. 친절히 대한다.

러시아의 작가 투르게네프는 "선인이 되는 것만으로는 충분하지 않다. 자진해서 선한 일을 해야 한다"고 했다.

평화의 비결

각각 자기 일을 돌볼뿐더러 또한 각각 다른 사람들의
일을 돌보아 나의 기쁨을 충만하게 하라
_빌립보서 2:4

부부 싸움을 자주 하는 젊은 부부가 있었다. 이
웃 사람들도 그들을 싫어했다. 그들의 싸움은 대개 텔레비
전의 채널 때문에 시작되었다. 아내는 가요 쇼를, 남편은 그
날의 뉴스를 보고 싶었다. 그런데 어느 날, 남편이 무슨 이
유 때문인지 모르지만 교회 집회에 가서 하나님을 믿게 되
었다. 그다음 날 저녁, 부부가 늘 싸우던 시간이 되자 남편
은 아내가 좋아하는 가요 쇼로 채널을 돌렸다. 깜짝 놀란 아
내는 "아니, 당신, 뉴스 시간이에요" 하고 큰 소리로 말했다.
"그래요, 당신이 가요 쇼가 보고 싶을 것 같아서요." 남편은
부드럽게 웃으며 말했다. 그녀는 잠시 멍했지만 이윽고 상

황을 파악하고는 뉴스로 채널을 바꿨다.

그때부터 두 사람 사이에 싸움이 그쳤다. 두 사람이 서로 상대방을 배려하게 된 것이다. 성경에서 말한다.

믿음이 강한 우리는 마땅히 믿음이 약한 자의 약점을 담당하고 자기를 기쁘게 하지 아니할 것이라 우리 각 사람이 이웃을 기쁘게 하되 선을 이루고 덕을 세우도록 할지니라(로마서 15:1-2)

마음을 넓혀라

너희가 우리 안에서 좁아진 것이 아니라
오직 너희 심정에서 좁아진 것이니라
_고린도후서 6:12

　　　여러분은 남들이 자신을 받아들이지 않는다고
해서 그들을 책망하면 안 된다. 상대방의 사랑이 부족한 것
이 아니라 당신의 사랑이 부족하고 당신이 고집스러운 마음
을 가지고 있기 때문이다. 자존심이 강한 사람일수록 자폐
증적 경향이 있다. 자신의 주장이 받아들여지지 않을 때 분
노하면서 마음을 닫아버린다. 요즈음 사람들은 어느 정도
교육을 받고, 비교적 자유롭게 직업을 선택할 수 있으며, 자
동차와 주택을 소유하다보니, 일부 사람들은 강한 자의식을
가지기도 한다. 이런 사람들은 자신이 보통 이상이라고 착
각하기 때문에 타인에게 거절당하면 스스로 마음의 문을 닫

아버리는 경향이 있다.

어쨌든 참을성이 없고 진흙투성이가 되는 것을 싫어하는 사람은, 상대방을 책망하는 것으로 자신의 행위를 정당화하려고 한다. 당신도, 상대방이 당신에게 냉정하게 대한다는 둥 이전처럼 하지 않는다는 둥 생각하는 일이 있다면, 당신이야말로 자존심 때문에 하찮은 일로 마음이 좁아진 것은 아닌지 반성해보라.

프랑스의 작가이자 사상가인 볼테르는 "터무니없이 큰 자존심은 터무니없이 인색한 인간이 소유한다"고 자성하라는 뜻으로 말했다. 그런데 확실히 우리들은 타인의 사랑 없음을 나무라기는 잘하지만 타인에게 사랑을 베푸는 일에는 인색하다. 이것을 깨달았다면 이제는 보잘것없는 자존심 때문에 비참하게 얽매일 필요가 없다.

이제부터는 상대방이 자신을 받아들이기를 바라는 것보다 당신 자신이 마음을 넓혀서 상대방을 받아들여보라.

우리가 약할 때에 너희가 강한 것을 기뻐하고 또 이것을 위하여 구하니 곧 너희가 온전하게 되는 것이라 (고린도후서 13:9)

충고를 하라

형제들아 사람이 만일 무슨 범죄한 일이 드러나거든
신령한 너희는 온유한 심령으로 그러한 자를 바로잡고
너 자신을 살펴보아 너도 시험을 받을까 두려워하라

_갈라디아서 6:1

체스터필드는 "충고는 거의 환영받지 못한다.
그리고 그것을 가장 필요로 하는 사람이 가장 좋아하지 않
는다"고 말했다. 영국 속담에서도 "조언과 소금은 청할 때까
지 주지 말라"고 했다. 웬만큼 마음이 넓은 사람이 아니면,
타인의 충고를 듣고 솔직하게 "고맙다"고 말하기 어렵다. 도
리어 충고의 꽃에 반감의 열매가 맺힐 뿐이다.

그래도 성경에서 충고하라고 말한다. 사회정의를 위하고,
세상에 악한 영향을 끼치지 않게 하기 위하며, 충고를 받는
사람이 멸망하지 않게 하기 위해서이다. 그래서 옛사람은
"양약은 입에 쓰지만 병에 유익하다. 충고는 귀에 거슬리지

만 행위에 유익하다"고 말했다. 충고는 시정(市井)에서 악을
정화하는 작용을 했다.

그런데 오늘날처럼 타인에게 무관심하고 "너는 너, 나는
나"라고 하는 세상에서는 악의 고름이 조금일 때에도 그 고
름을 제거하지 않아 사회는 점점 더 병든다.

로마의 시인 호라티우스는 "어떠한 충고를 하든지 길게
하지 말라"고 했다.《논어》에서는 "타인의 행위에 관련해서
과거의 일은 일절 말하지 말라"고 했다. 도시샤(同志社) 대
학 창립자 니지마 조오(新島襄)는 "성날 때에는 충고하지 말
라"고 하며 조언을 잘하는 비결을 말했다.

올바르다는
확신을 가져라

네게 있는 믿음을 하나님 앞에서 스스로 가지고 있으라
자기의 옳다 하는 바로 자기를 정죄하지 아니하는 자는
복이 있도다

_로마서 14:22

'이 일은 올바르다'고 확신할 수 있는 사람은
복된 사람이다. 이것과 매우 유사한 것으로 '이것이 나쁜 일
은 아니다'는 생각이 있다. 그러나 후자에는 죄의식이나 비
양심적이라는 생각이 존재한다. 후자의 사람들은 법률적으
로 또는 윤리적으로 죄를 범했다는 것을 알고 있기 때문에
온갖 방법을 동원해서 '이것이 나쁜 일은 아니다'라고 변명
한다. 말하자면, 법의 뒷구멍을 찾거나 법을 악용하는 것이
다.

"정치가에게 주는 뇌물은 정치 헌금이다", "권력을 남용하
는 것은 법을 엄격히 집행하기 위해서이다", "소수 의견을 무

시하는 것은 다수의 사람들의 행복을 위해서이다", "자유를 억압한다고 하나 국가가 없으면 무슨 자유가 있느냐"고 말한다. 사업에 바빠서 가정을 돌보지 않는 남편은 아내에게 "회사가 없으면 어떻게 가정이 있을 수 있느냐"고 강변한다. 그리고 이렇게 하는 것이 처세술이라고 말한다. "하나님은 업신여김을 받지 아니하시나니 사람이 무엇으로 심든지 그대로 거두리라"(갈라디아서 6:7)고 했다. 사람들은 최후에 그들이 한 일에 합당한 대우를 받을 것이다.

성경에서는 악한 자들이 확실히 심판을 받을 것임을 밝혔다. 설령 그들이 법망을 뚫고 나갈 수 있다 해도, 살아 계신 하나님의 손바닥에 떨어지는 것은 무서울 것이다.

어떤 일간지의 논설 위원은 공명정대함에 관해서 이렇게 말하고 있다.

"영국 하원(下院)에서는 의원이 법안에 대해 발언할 때 그 법안에 자기와 직접적인 이해가 걸려 있다면 발언하기 전에 그 사실을 밝혀야 한다. 이를테면 그가 부동산 회사의 대주주라면 토지 법안에 대해 토의할 때 이 사실을 밝혀야 한다. 그런 사실을 숨기고 자기 견해를 밝히는 것은 공정하지 않기 때문이다."

성경에서는 올바르게 사는 방법을 다음과 같이 가르친다.

너희는 이 세대를 본받지 말고 오직 마음을 새롭게 함으로 변화를
받아 하나님의 선하시고 기뻐하시고 온전하신 뜻이 무엇인지 분
별하도록 하라(로마서 12:2)

내가 원하는 것을
남에게 하라

그러므로 무엇이든지 남에게 대접을 받고자 하는 대로
너희도 남을 대접하라 이것이 율법이요 선지자니라

_마태복음 7:12

노벨 물리학상과 화학상을 받은 프랑스의 물
리학자 마리 퀴리 부인은 폴란드의 바르샤바에서 출생했다.
고국이 제정 러시아의 속국이라는 사실 때문에 괴로웠던 그
녀는 조국의 독립을 위해 과학 연구에 뜻을 두어 파리의 소
르본느 대학에서 물리학을 배우고 있었다. 그녀는 일 년만
더하면 무사히 졸업할 수 있었으나 그만 학비가 떨어졌다.

그녀의 곤경을 보다 못해 친구인 지진스카가 바르샤바의
유력자들에게 호소하여 알렉산드로비치 장학금을 받도록
해주었다. 그녀는 얼마나 고마웠을까? 귀중한 장학금을 될
수 있는 대로 아껴서 오래 쓰도록 노력했다. 그리하여 졸업

한 뒤에 자신의 힘으로 돈을 벌 수 있게 되자 적은 수입이라
도 장학금으로 되돌려주려고 애썼다. 이를 위해 학생 시절
처럼 고생하면서 절약했다. 절망 중에 있는 가난한 학생이
자신처럼 기쁨과 희망을 가질 수 있게 하려는 뜻에서였다.

수년이 지나서 알렉산드로비치 재단은 그녀에게 장학금
을 돌려받고 놀랐다. 지금까지 장학금을 돌려준 이는 한 사
람도 없었기 때문이다. 성경에서 말한다.

나와 같이 모든 일에 모든 사람을 기쁘게 하여 자신의 유익을 구
하지 아니하고 많은 사람의 유익을 구하여 그들로 구원을 받게 하
라(고린도전서 10:33)

마음이 있는 곳

너희를 위하여 보물을 하늘에 쌓아두지 말라
거기는 좀이나 동록이 해하며 도둑이 구멍을 뚫고
도둑질하느니라 오직 너희를 위하여 보물을 하늘에
쌓아두라 거기는 좀이나 동록이 해하지 못하며 도둑이
구멍을 뚫지도 못하고 도둑질도 못하느니라 네 보물
있는 그곳에는 네 마음도 있느니라

_마태복음 6:19-21

예수님의 동생 야고보는 "주의 뜻이면 우리가
살기도 하고 이것이나 저것을 하리라"(야고보서 4:15)고 하
며 사람들을 가르쳤다. 이것은 이미 야고보가 실천하고 있
던 생활 방식을 소개한 것이다. 자신의 이득을 위해 사는 것
이 아니라 하나님의 인도하심을 따라 타인을 위해 이런 일,
저런 일을 실천하는 생활 방식이다.

당신의 힘과 재물을 자신만을 위해 사용한다면 그것은 소
비로 그칠 뿐이다. 또한 사장(死藏)으로 끝난다. 일본의 전
국시대에, 노부나가(信長), 히데요시(秀吉), 이에야스(家康)
의 3대에 걸쳐 알려진 무장(武將) 호소카와 다다오키(細川

忠興)는 센리큐(千利休)의 일곱 수제자 중 한 사람으로, 유명한 다인(茶人)이기도 했다.

그의 영지에 큰 기근이 들어 백성이 아사하기 직전의 상황에 처했다. 다다오키는 마음이 매우 아파서 '이런 때 차를 즐기고 있을 수 없다'고 생각했다. 다기(茶器)의 수집가로도 알려진 그는 아끼던 다기를 모조리 팔아 그 돈으로 대량의 곡물을 사서 모두 백성에게 나누어주었다. 그의 마음이 자신을 즐겁게 해주는 다기에서 백성으로 옮겨갔던 것이다.

성경에서는 "만일 형제나 자매가 헐벗고 일용할 양식이 없는데 너희 중에 누구든지 그에게 이르되 평안히 가라, 덥게 하라, 배부르게 하라 하며 그 몸에 쓸 것을 주지 아니하면 무슨 유익이 있으리요"(야고보서 2:15-16)라고 훈계한다.

겸손

무릇 자기를 높이는 자는 낮아지고
자기를 낮추는 자는 높아지리라 하시니라
_누가복음 18:14

　　두 사람의 남자가 예루살렘 성전에 기도하러
왔다. 한 사람은 율법을 형식적으로 지키고 '나는 올바른 사
람이다'라고 생각하는 자존심이 강한 바리새인이었다. 또 한
사람은 세금을 징수하는 세리였다. 그는 세금 징수를 구실로
많은 금액을 몰래 빼돌리기 때문에 사람들이 싫어했다.
　　바리새인은 하나님 앞에서 당당히 가슴을 펴고 기도했다.
"하나님이여 나는 다른 사람들 곧 토색, 불의, 간음을 하는
자들과 같지 아니하고 이 세리와도 같지 아니함을 감사하나
이다 나는 이레에 두 번씩 금식하고 또 소득의 십일조를 드
리나이다"(누가복음 18:11-12)

한편 세리는 부정한 세금 징수로 돈을 번 것을 잘 알고 있었다. 그래서 그는 성전 한쪽 구석에 쪼그리고 앉아 얼굴을 들지 못하고 엎드린 채 기도했다. "하나님이여 불쌍히 여기소서 나는 죄인이로소이다"(누가복음 18:13)

"이에 저 바리새인이 아니고 이 사람(세리)이 의롭다 하심을 받고 그의 집으로 내려갔느니라"(누가복음 18:14)고 예수님은 말씀하셨다. 하나님께서 보실 때 그들은 다 죄인인 것이다.

예수님은 "우리는 무익한 종이라 우리가 하여야 할 일을 한 것뿐이라 할지니라"(누가복음 17:10)고 가르치셨다. 왜냐하면 우리들의 능력까지도 하나님께서 쓰라고 주신 것이다. 하나님이 기뻐하시는 것은 '겸손'과 '회개하는 마음'이다.

아이에게 올바른
생활 방식을 가르쳐라

마땅히 행할 길을 아이에게 가르치라
그리하면 늙어도 그것을 떠나지 아니하리라

_잠언 22:6

어릴 때에 올바른 생활 방식을 가르치면, 나이를 먹어도 변하지 않는다는 말씀이다. 이것은 육아의 기본이다. 그런데 부모들은 아이의 교육에 열심히 매달리지만, 가장 필요한 올바른 생활 방식에는 그다지 주의를 기울이지 않는다.

부모가 좋은 생활 방식으로 살지 않는다. 그 결과 아무리 입으로 충고하고 지도해도 아이는 관심을 보이지 않는다. 먼저 부모가 '무엇이 선이고 무엇이 하나님이 기뻐하시는 온전한 일인가'를 알아야 한다. 하나님은 우리에게 변함없는 진리인 말씀을 주셨다.

법도 부모, 자식 간의 문제는 해결하지 못한다는데, 우리 사회에서는 부모가 자녀 지도를 포기하고 학교나 경찰에게 무엇을 어떻게 해달라고 한다. 하지만 스웨덴에서는 부모들이 거꾸로 '자녀 책임 협회'를 발족시켜서 확신을 가지고 자녀를 양육하자고 호소한다.

프랑스에서는 한 부모가 아들을 방치한 채 꾸짖지 않아 아들이 끝내 사형수가 되었다. 그러자 아들은 형 집행 직전에 "당신 때문에 이렇게 됐다"고 하며 아버지의 코를 물어뜯었다. 부모에게는 아이에 대한 큰 책임이 있다.

모든 성경은 하나님의 감동으로 된 것으로 교훈과 책망과 바르게 함과 의로 교육하기에 유익하니(디모데후서3:6)

입장을
명확히 하라

이제 내가 사람들에게 좋게 하랴 하나님께 좋게 하랴
사람들에게 기쁨을 구하랴 내가 지금까지 사람들에게
기쁨을 구하였다면 그리스도의 종이 아니니라
_갈라디아서 1:10

생활 속에서 일어나는 갖가지 문제에 대해 어떻게 결단하고, 판단하며, 행동해야 할지 몰라 헤맬 때가 있다. 이럴 때는 먼저 하나님을 생각해야 한다는 말씀이다. 그리고 그다음에는 하나님의 말씀에 따라서 행동해야 한다. 여기에서 자연스럽게 신앙인의 확신 있는 삶과 신앙인으로서의 입장, 생활 방식이 세상에 나타나는 것이다.

만약 당신이 어떤 주의, 주장을 가지고 있다면, 당신의 입장을 선명하게 밝혀야 한다. 이렇게 하면 어떤 때에는 강한 외풍을 만날지 모르지만, 사람들은 당신의 입장을 존중해서 불필요한 마찰이 일어나지 않도록 당신을 배려한다.

당신이 직장에서 팔방미인으로 행동하면, 사람들은 당신을 이용하지만 결코 신뢰하지 않을 것이다. 사람들은 줏대 있는 사람을 신뢰한다.

독일을 광기로 몰아갔던 히틀러가 지배하던 때 독일에서 있었던 이야기이다. 히틀러는 물리학자 와이제커 교수에게 "필요한 설비는 무엇이든지 줄 테니 당신의 뛰어난 두뇌를 가지고 원자폭탄을 발명하기 위해 노력하라"고 명령했다. 그러나 그는 그 명령을 거부했다. 그뿐만 아니라 '악마의 수단으로 쓰인다'고 생각하고 물리학을 포기하고 철학자가 되었다.

많은 사람이 권력에 굴복당하고 아첨했으나 그는 평화주의의 입장을 관철했다. 악마의 앞잡이가 되기를 거부한 것이다. 물론 일신상의 위험을 각오했다.

그가 물리학자에서 철학자가 되어 같은 대학의 교단에 서자 생각하지도 못한 일이 일어났다. 본래 대여섯 사람밖에 없었던 철학 교실에 많은 학생들이 왔던 것이다. 그래서 큰 교실로 옮겼지만 거기도 초만원이 되었다.

영국의 역사가인 칼라일은 다음과 같이 말했다.

"스스로 올바르다고 믿는 자는 왕의 만군보다 강하고, 스스로 올바름을 의심하는 자에게는 작은 힘도 없다."

사도 바울은 로마 교회 사람들에 다음과 같은 글을 써서 보내 그들을 격려했다.

> 우리가 살아도 주를 위하여 살고 죽어도 주를 위하여 죽나니 그러므로 사나 죽으나 우리가 주의 것이로다(롬 14:8)

이 확신이 사도 바울을 모든 두려움에서 해방시켰던 것이다.

의의 있는 존재

내가 네 행위를 아노니 네가 살았다 하는 이름은
가졌으나 죽은 자로다

_요한계시록 3:1

        사람이 "살았다"는 것은 목적을 향해 걸어가면
서 존재한다는 것을 의미한다는 말씀이다.

    프랑스의 시인 장 모레아스는, 책이 팔리지 않아 곤궁에
빠진 통속소설가인 친구가 "만약 내가 죽으면"이라고 하며
부탁의 말을 하려고 할 때 그의 입을 막고서는 "뭐야, 자네는
훨씬 전부터 죽었잖아?"라고 비꼬는 말을 했다. 이것은 물론
농담이다. 하지만 이 가난한 작가가 세상에서 인정받지 못한
채 죽는다고 해도 그가 목적을 향해 그 나름대로 노력한 것
은 훌륭한 일이다. 이 무명작가가 붓을 꺾는 게 당연한 것일
수 있다. 그런데도 몇 번씩이나 좌절해도 용기를 내어 쓰기

를 계속한 것은 그가 확실히 살아 있기에 가능한 일이었다.

미국 뉴욕에 사는 어느 유복한 부부가 어렸을 때 살던 작은 도시로 돌아왔다. 그곳은 아직도 옛 모습을 그대로 간직하고 있었기에 남편은 크게 만족해 "그래, 우리들은 이런 곳에서 시작했지요"라고 하며 미소를 지었다. 그러자 아내는 그와는 달리 슬픈 듯이 눈을 감고 "그래요. 그런데 우리는 지금까지 무엇을 했을까요?"라고 말했다. 그들은 부는 수단일 뿐이며 인생을 걸 만한 것은 아님을 깨달았던 것이다. 당신이 지금 무슨 목적으로 희생을 치르고 돈을 벌려 하는지 다시 생각해볼 필요가 있지 않을까?

또 한 가지 기억해야 할 점은, 당신이 타인에게 의의가 있는 존재라는 점이다. 당신은 타인을 위해 일하고 봉사한다. 그런데 이런 일을 못하는 사람도 있다. 이를테면 병상에 오랫동안 누워 있는 사람, 신체장애를 가진 사람, 가난한 사람 등이다. 그러나 사실 그들도 주위의 많은 사람들을 격려하고 있다.

교만한 사람들은 그들을 다만 돌봐주어야 할 이들이라고 본다. 그러나 많은 사람들은 그들에게 인내와 노력, 감사를 배운다. 생명의 존엄을 배운다. 그들이야말로 본래 자기중심적인 우리에게 사랑의 마음을 일깨우는 귀중한 존재이다.

그리스의 철학자이자 수학자인 피타고라스는 "사람에게 그 직무를 가르치기 위해서는 신의 간섭이 필요하다"고 말했다. 확실히 인간은 하나님에 의해 목적을 가지고 이 세상에 태어난 존재이므로 당신은 당신을 창조하신 하나님을 앎으로써 비로소 '산 자'가 된다.

여호와 하나님이 땅의 흙으로 사람을 지으시고 생기를 그 코에 불어넣으시니 사람이 생령이 되니라(창 2:7)

탐욕은 사람을 멸망시킨다

그들에게 이르시되 삼가 모든 탐심을 물리치라
사람의 생명이 그 소유의 넉넉한 데 있지
아니하니라 하시고

_누가복음 12:15

1255년, 원나라 황제 쿠빌라이의 동생은 강력
한 군대를 이끌고 바그다드를 공격하여 점령했다. 이슬람교
에서는 교주 겸 왕을 칼리프라고 부르는데, 그가 칼리프의
궁전을 조사해보니 탑 속에 지금까지 본 적 없는 보화가 숨
겨져 있었다.

그는 곧 칼리프를 끌고 와서 "너는 무엇 때문에 이만큼의
보화를 모았는가? 적이 쳐들어온다는 소식을 듣고도 왜 이
보화를 써서 군사들을 고용하지 않았느냐?"고 물었다. 칼리
프는 통분함을 참느라 입을 굳게 다물고 있었다. 그러자 그
는 "오냐, 그렇게 보화가 아까우면 네게 모두 돌려주겠다"고

했다. 그제야 칼리프는 "아, 정말입니까? 고맙습니다"고 대답했다. 그는 "그 대신 먹을 것과 물을 주지 않을 테니 네가 사랑하는 보화를 먹고 살아라"고 했다. 4일 후에 칼리프는 보화 속에 묻혀서 죽어 있었다.

적극적 용서

또 눈은 눈으로, 이는 이로 갚으라 하였다는 것을
너희가 들었으나 나는 너희에게 이르노니 악한 자를
대적하지 말라 누구든지 네 오른편 뺨을 치거든
왼편도 돌려대며

_마태복음 5: 38-39

예수님이 신약 성경에서 원수를 용서하라고
가르치신 말씀 가운데 하나이다. 현재까지 이슬람 세계에
남아 있는 동태보복(同態報復)은 예수님이 그것을 뛰어넘는
용서를 가르치시기까지 구약 성경의 교훈으로 유대 사회에
남아 있었다.

레위기 24장에는 이렇게 기록되어 있다.

사람이 만일 그의 이웃에게 상해를 입혔으면 그가 행한 대로 그에
게 행할 것이니 상처에는 상처로, 눈에는 눈으로, 이에는 이로 갚
을지라 남에게 상해를 입힌 그대로 그에게 그렇게 할 것이며(레위

기 24:19-20)

이것은 당시로서는 획기적인 인권 존중법이었다. 왜냐하면 피해를 입은 이상의 보복을 하지 말라고 금지했기 때문이다. 이 동태보복의 제도가 정해지기 이전에는 조그마한 사건이라 해도 부족 전체의 전쟁이 되어 엄청난 비극이 되풀이되었다. 그런데 예수님은 가해자에게 동일하게 보복하지 말고 피해를 달게 받으라는 적극적 용서를 가르치신 것이다.

어떤 언어장애인 크리스천은 "용서란 무엇인가"란 질문을 받았을 때 펜을 들고 다음과 같이 종이에 썼다.

"그것은 꽃이 밟혔을 때 발하는 좋은 향기입니다."

부패를
제거하라

적은 누룩이 온 덩이에 퍼지느니라
_갈라디아서 5:9

성경에서는 모든 부패의 근원이 되는 것을 '누룩'이라고 표현한다. 악의 근원이 되는 것, 약한 마음의 근원이 되는 것, 교만한 마음의 근원이 되는 것이 모두 누룩이다.

"빨간 신호등, 모두 같이 건너면 두렵지 않아."

농담같은 이 말 속에는 이와 같은 죄의 누룩이 들어 있다.

그리고 누룩은 민주주의의 기반이 되는 다수결 원리 속에서 악한 맹위를 떨치고 있다. 안건을 국가적 견지에서 판단해야 할 터인데 당리당략에 따른 힘으로 밀어붙이고 있다.

도산한 기업을 다시 일으키는 것으로 유명한 어느 경영 컨설턴트는, 성공의 비결이 경영하는 자의 개인적 문제를 바로잡는 것이라고 했다. 그는 이렇게 말했다.

"부진한 기업의 95%는 사업 자체가 아니라 거기에 관여하는 인물에게 문제가 있다. 그들은 자신이 문제를 일으키고 있으면서도 문제의 원인을 외적인 데서 찾으며 핑계를 댄다. 자신조차도 통제하지 못하니 돈도 사람도 잘 관리할 수 없다. 진정한 협력자도 없으니 회사는 기울어질 수밖에 없다. 그러므로 사업을 재흥하기 위해서는 먼저 자신을 바로잡아야 한다. 문제는 시스템이 아니라 인간에게 있다."

조언자를
많이 얻어라

지략이 없으면 백성이 망하여도
지략이 많으면 평안을 누리니라

_잠언 11:14

이 조언자는 지도자로서 주의나 주장을 상대
방에게 강요하는 자와 다르다. 자기의 주장을 남에게 강요
하는 자가 아무리 박학다식해도 이런 사람이 많아지면 도리
어 위험하기까지 하다. "사공이 많으면 배가 산으로 간다"는
속담이 있듯이 혼란에 따른 자멸이 있을 뿐이다. 또한 당신
의 말을 쉽게 받아들이는 사람들을 조언자로 두면 당신에게
유익이 없다.

당신에게 필요한 사람은, 당신에게 그 일의 좋고 나쁨을
판단해주고 당신을 살리는 조언자이다. 어떤 사람에게 좋은
일이라도 당신에게는 맞지 않을 수 있다. 당신이 지금 직면

한 곤란을 제거하기보다는 견디는 것이 당신에게 필요할지 모른다. 지금이 내 마음대로 돌아다닐 때보다 더 좋은 기회가 될지도 모른다.

당신에게 있는 여러 가지 장점과 결점을 알고 당신의 가능성을 믿는 사람이 조언자로 당신 주위에 있다면 얼마나 다행한 일인가. 당신이 설령 넘어진다 해도 다시 일어날 수 있을 것이다. 실망하는 때가 있어도 극복할 수 있을 것이다.

당신을 반대하는 자도 조언자이다. 당신을 격려하는 자도 조언자이다. 당신을 무시하는 자도 조언자이다. 당신에게 충고하는 자도 조언자이다. 이렇게 보면 당신 주위에도 당신을 위해 마음을 쓰는 사람들과 당신을 생각하는 사람들이 꽤 있다는 것을 알 수 있다.

"내 주위에는 많은 사람이 있지만 진심으로 나를 대하는 자는 없다"고 한탄하는 사람도 있다. "나는 친구도 없고 정말 고독하다"고 말하는 사람도 있다.

예수님은 이런 사람들도 초대하신다. 주를 의지하는 것은 사람을 의지하는 것보다 낫다. 예수님은 당신을 진정으로 이해하시기 때문이다.

영국의 위대한 경제학자 존 스튜어트 밀은 만년에 이렇게 말했다. "어떤 일을 판단하기가 어려울 때는 '예수님은 이것

을 어떻게 하셨을까' 하고 생각하면서 매사를 처리하면 이
보다 더 좋을 수 없다."

131 조언자를 많이 얻어라

하나님을 경외하는 자는 행복하다

죄인은 백 번이나 악을 행하고도 장수하거니와
또한 내가 아노니 하나님을 경외하여
그를 경외하는 자들은 잘될 것이오

_전도서 8:12

　　　백 번이나 죄를 범하고 아직도 장수하는 악인이 있다고는 하지만 하나님을 경외하는 사람이 훨씬 더 행복하다는 말씀이다.

　　악인의 장수는 도리어 죄에 대한 심판을 의미할 수 있다. 흔히 "피고가 지금까지 오랜 기간 동안 세상으로부터 많은 비난을 받아옴으로써 사회적 제재를 받아왔던 것을 감안할 때 이미 상응하는 보상을 한 것으로 간주하여 집행유예를 선고한다"는 재판의 판결문이 있다. 이처럼 악인이 아무리 장수한다 해도 그것을 부러워해서는 안 된다.

　　악인은 악인인 까닭에 사람에게나 하나님께나 그 악에 대한 보응을 죽을 때까지 받는다.

네델란드의 필립 파는 독일 나치 게슈타포의 앞잡이로 유대인과 레지스탕스 대원들을 탄압했다. 그는 독일 패망 후 생가의 지붕 밑 방에서 숨어 살았다. 그러나 어느 날 결국 체포당했다. 무려 29년 만이었다. 그는 그동안 밖에 나가지 못하고 사형수로서 두려움을 짊어지고 괴로운 생활을 했다.

한편, 하나님을 경외하는 사람의 인생은 달랐다. 옛날에 영국의 디이 강가에 기독교인인 제분업자가 있었다. 그는 아침부터 밤까지 즐겁게 "디이 강변에 사는 우리는 세상에서 둘도 없는 행복한 사람"이라고 노래하면서 씩씩하게 일했다. 사람들은 그를 '행복한 제분소 아저씨'라고 불렀고 그 소문은 왕의 귀에 들어갔다.

왕은 그에게 찾아와서 "너는 왜 그렇게 행복한가?"라고 물었다. 행복한 제분소 아저씨는 "나는 하나님을 사랑합니다. 아이들을 사랑합니다. 그리고 하나님도 나를 사랑하십니다. 아내도 나를 사랑합니다. 친구들도 나를 사랑합니다. 다만 그것뿐입니다"고 대답했다.

왕은 그 말에 감동했다. "너의 그 먼지투성이 모자는 나의 황금의 관보다 귀하다"고 했다. 이것이야말로 하나님과 함께하는 자의 행복이다.

하나님이 우리를 사랑하시는 사랑을 우리가 알고 믿었노니 하나

님은 사랑이시라 사랑 안에 거하는 자는 하나님 안에 거하고 하나

님도 그의 안에 거하시느니라(요일 4:16)

진실 말하기를 계속하라

그런즉 거짓을 버리고 각각 그 이웃으로 더불어
참된 것을 말하라 이는 우리가 서로 지체가 됨이라
_에베소서 4:25

미국에서는 정가를 뒤흔드는 스캔들이나 실정
이 종종 밝혀진다. 그때마다 국민의 신뢰를 잃고 국제적으
로 좋지 않은 평판을 듣곤 하지만 그들은 할 수 있는 데까지
썩은 고름을 짜낸다. 그 결과 도리어 국민들과 세계 사람들
에게 신뢰를 얻는다. 설령, 좋은 결과를 얻지 못한다고 해도
그들은 고름을 지속적으로 짜낼 것이다. 미국의 외교 평론
가 스탠리 카노는 이렇게 말했다.

"설령 미국의 평판에 아무런 도움이 되지 않는다 해도 미
국인이 자기의 잘못을 인정할 만큼 성실하다는 것을 보여주
기 때문에 진실을 밝히지 않을 수 없다."

러시아의 솔제니친은 자국의 억압적인 사회체제를 《이반 데니소비치의 하루》 이후 전 작품에서 암암리에 비판했다. 그런데 검열 제도 때문에 그의 붓의 부르짖음은 더욱더 잘 알려졌다. 마침내 1967년 제4회 소련 작가 대회에서 검열 폐지를 요구하는 공개장을 제출하여 진실을 위한 정면 투쟁을 시작했다. 그는 "진실의 길은 누구나 저지할 수 없다. 그 행동을 위해서 나는 죽음이라도 받아들일 각오가 되어 있다"고 했다.

작은 일에
충성하라

지극히 작은 것에 충성된 자는 큰 것에도 충성되고
지극히 작은 것에 불의한 자는 큰 것에도 불의하니라

_누가복음 16:10

작은 일을 적당히 가볍게 처리하는 자는 중대
한 일이나 책임 있는 일도 적당히 처리한다는 말씀이다. 어
느 귀족이 황제에게 가서 그 지방 일대를 다스리는 왕위를
받기 위해 집을 떠났다. 그는 종들을 불러 한 미나씩 돈을 주
면서 말했다. "내가 돌아올 때까지 이것으로 장사를 해라."

얼마 후에 그는 왕위를 받아서 돌아왔다. 왕은 누가 얼마
나 벌었는지 알고 싶어서 종들을 불렀다. 맨 처음에 나온 종
이 말했다. "주인님, 저는 당신의 1미나를 가지고 10미나를
벌었습니다." 왕은 말했다. "충성된 종아, 잘했다. 너는 작은
일에 충실했으니 열 개 고을을 다스리는 벼슬을 받아라."

다음 종이 나와서 말했다. "주인님, 당신의 1미나로 5미나를 만들었습니다." 왕은 이 종에게도 만족했다. "그럼 너는 다섯 고을을 다스려라."

그다음에 나온 종은 매우 두려워하며 말했다. "1미나를 가지고는 아무런 돈벌이가 되지 않아 이렇게 간직해두었습니다." 왕은 매우 노하여 그에게서 1미나를 취하고 그를 추방해버렸다. 그는 작은 일에 충실하지 않았기 때문이다.

옛날 어느 나라에 한 철학자가 있었다. 그는 자신의 학식이 탁월하다고 자신했으나 사람들은 그다지 그의 학식에 관심을 보이지 않았다. 간혹 그에게 "장난꾸러기인데 잘 가르쳐주세요"라고 부탁하는 사람이 있으면, 그는 "한두 사람의 아이를 돌보는 일이면 다른 사람에게 부탁해라"고 하며 돌려보냈다.

그리고 자신에게 큰일을 맡기지 않는 자기 나라를 비판하고, 이웃 나라를 칭찬했다. 그는 더는 참을 수 없어 마침내 이웃 나라로 가버렸다. 그는 이웃 나라 왕을 면회할 기회를 얻게 되자 자기를 선전하기 시작했다.

"저는 자국에서는 폐하의 나라를 창찬했습니다. 따라서 사랑하는 폐하의 나라에서 마음껏 일하고자 왔습니다. 저를 채용해주십시오."

왕은 매우 불쾌한 얼굴로 "내 나라를 좋아해주어서 고맙다. 그러나 나는 자기 나라를 사랑하는 자를 좋아한다"고 말했다. 이 말을 듣고 그는 얼굴이 붉어졌다. 그는 원래 현명한 사람이므로 크게 반성하고 자국으로 돌아왔다. 그리고 작은 일이라도 그에게 상담하러 오는 사람이나 도움을 구하는 이를 친절히 맞았다. 그리하여 그는 차츰차츰 그 나라에 없어서는 안 될 사람으로 인정받게 되었다.

이와 같이 사람들은 당신의 작은 일 하나하나를 보면서 신뢰하게 된다. 이 신뢰가 있어야만 당신에게 큰일도 맡길 수 있는 것이다. 아니, 작은 일을 충실히 해낸 것이 큰일도 할 수 있는 실력을 쌓게 만든 것이다. 언제나 전력을 다해 힘써 일하라. 주 안에서 당신의 노력이 헛되지 않을 것이다.

세계 평화는 가정에서부터

예수께서 그들의 생각을 아시고 이르시되
스스로 분쟁하는 나라마다 황폐하여질 것이요
스스로 분쟁하는 동네나 집마다 서지 못하리라
_마태복음 12:25

무엇이든지 최소 단위가 가장 중요하다. 지구를 평화롭게 유지하는 것은 각국이 상호 협력함으로써 얻은 노력의 산물이다. 나라의 평화는 각 가정의 평화에 기인한다. 가정의 평화는 각 사람이 남에게 폐를 끼치지 않고 살아갈 때 정착된다.

성경에서는 한 사람 한 사람이 하나님 앞에서 바르게 살아가라고 가르친다. 한 사람 한 사람의 마음의 문제를 보고 있다. 한 사람 한 사람이 하나님과 사람 앞에서 죄인임을 알려준다.

이렇게 함으로써 각 사람이 죄를 회개하고 서로를 위해

살아가기 시작할 때 가정에 평화가 찾아오고, 필연적으로 그 지역이 평화롭게, 되며 나라가 평화롭게 되고, 세계가 평화롭게 된다.

원자력과 관련해 세계적 권위를 가지고 있는 한 물리학자가 UN 위원으로 빈번히 외국에 나가고 있었다. 어느 날 UN 회의와 시 의회의 회의가 겹치는 바람에 그는 UN에 회의에 출석하지 못하겠다고 연락했다. 그런데 UN에서는 "자기의 주변에 있는 일을 처리하지 못할 바에는 UN의 큰일도 잘할 수 없습니다. 그러니 시 의회의 일을 열심히 하십시오"라며 그의 결정을 지지한다고 했다.

가정은 잘 다스리지 못하나 회사의 일은 잘한다는 사람이 많다. 하지만 가정부터 잘 다스리는 것이 정도이다. 회사에서는 한 분야만 담당하지만 가정에서는 전 분야에서 전력투구를 해야 하기 때문이다.

사랑은 사람에게
공헌한다

지식은 교만하게 하며 사랑은 덕을 세우나니

_고린도전서 8:1

여기서 말하는 교만이란 자랑을 말한다. 자신을 자기 실력 이상으로 평가하고 남을 비하하는 것을 말한다. 흔히 자기 본위의 자랑이다. 러시아의 극작가 그리보예도프는 "지식은 병이다. 사람을 불행하게 만든다"고 했다.

링컨이 암살당하고 난 직후에 그를 칭송하는 시집이 세상에 나왔다. 사회 평론가인 이시이 미쓰루 씨가 이것을 소중하게 간직하고 있다가 어느 날 그를 찾아온 미국 최고의 링컨 연구가에게 보여주었다. 그랬더니 그 사람이 "내가 몰랐던 책이다. 그래서 가치가 없다"고 하면서 아무런 관심을 갖지 않았다.

성경에서는 앞의 구절에 이어서 이렇게 쓰여 있다.

만일 누구든지 무엇을 아는 줄로 생각하면 아직도 마땅히 알 것을
알지 못하는 것이요(고린도전서 8:2)

한편 '사랑'은 사람의 덕을 높여준다. 이것은 '쌓아 올린
다', '교육한다'는 의미를 가지는데, 다른 사람에게 공헌하는
것을 말한다. 사랑은 자기 일을 돌보지 않고 타인의 일을 돌
봐주는 것이다. 사랑은 타인의 유익을 도모하고, 남을 기쁘
게 한다. 스위스에 사는 한 시골 처녀는 관광객으로부터 일
본을 알게 되었다. 그녀는 일본인에게 예수님을 전하고 싶
다는 일념에 프랑스에서 신학을, 영국에서 영어를, 일본에
와서는 영어를 기본으로 일본어를 배웠다. 그것은 주님의
사랑 때문이었다.

복수하지 마라

가시채를 뒷발질하기가 네게 고생이니라
_사도행전 26:14

어떤 사람이 사랑하는 아들을 교통사고로 잃었다. 자동차에 부딪혀 튕겨져 나갔다고 한다. 그의 깊은 슬픔은 아들을 죽게 만든 운전수에 대한 미움이 되고, 증오심은 나날이 커졌다. 마침내 어느 날 "아들의 원수다!"라고 외치며 운전수를 칼로 찔러 죽였다.

결국 그도 살인범이 되었다. 그는 평생 한 사람을 죽였다는 자책감에 사로잡힐 것이다. 자기에게 해를 끼친 자에 대한 최선의 방책은 용서 외에 아무것도 없다.

영국의 철학자 베이컨은 "복수할 때 인간은 그 원수와 동일하게 된다. 그러나 용서할 때 그는 원수보다 위에 있다"고 하며 용서의 중요성을 말했다.

용서, 그것은 당신이 더 이상 상처받지 않기 위한 방책이다. 상대방이 나쁘다는 것은 하나님이 아신다. 그리고 법에 저촉되는 일이라면 법이 당신을 대신해서 판단할 것이다. 올바르게 판단하시는 하나님께 모두 맡기고, 당신은 지난 일을 돌아보지 말고 앞을 향해 나아가야 할 것이다.

악을 악으로, 욕을 욕으로 갚지 말고 도리어 복을 빌라 이를 위하여 너희가 부르심을 받았으니 이는 복을 이어받게 하려 하심이라

(베드로전서 3:9)

돈보다
지식을 얻어라

지혜의 그늘 아래 있음은 돈의 그늘 아래 있음과
같으나, 지혜에 관한 지식이 더 유익함은 지혜가
그 지혜 있는 자를 살리기 때문이니라

_전도서 7:12

지혜로도 돈으로도 이익을 올릴 수 있다. 그러
나 영리하게 되는 것에 더 많은 이점이 있다는 말씀이다. 돈
과 지식의 큰 차이점이 있다. 돈은 자기를 위해 축적하고 지
식은 남을 위해 밖으로 보낸다는 것이다. 돈은 모으면 모을
수록 사람들을 탐욕적으로 만드나 지식은 쌓으면 쌓을수록
사람들과 나누고 싶도록 만든다. 본래 돈도 지식도 사회에
환원하는 것이다. 그러나 돈은 소유자를 얽매이게 만든다.
지식은 사회의 여러 부문과 연결되어서 더 좋은 것을 만들
어낸다.

기원전 300년 무렵, 메니포스라는 철학자가 있었다. 그는

이 세상에 대해 아주 헐뜯는 말을 했지만, 돈만큼은 지극히 사랑했다. 그는 전당포를 열어서 가난한 사람들에게 고리로 돈을 빌려주고 상당히 많은 돈을 벌었다. 그러나 어느 날 밤 애써 모은 돈을 도둑에게 다 털려서 절망한 끝에 자살했다.

지식 중에서 가장 큰 것은 하나님은 아는 지식이다. 사도 바울은 "또한 모든 것을 해로 여김은 내 주 그리스도 예수를 아는 지식이 가장 고상하기 때문이라"(빌립보서 3:8)고 했다.

친구를
선택하라

철이 철을 날카롭게 하는 것같이
사람이 그의 친구의 얼굴을 빛나게 하느니라
_잠언 27:17

사람은 친구에게 많은 영향을 받는다. 성경에서 말한다.

지혜로운 자와 동행하면 지혜를 얻고 미련한 자와 사귀면 해를 받
느니라(잠언 13:20)

수필가인 요시다 겐코(吉田兼好)는《도연초(徒然草)》중
에서 좋은 친구를 '자혜(慈惠)로운 친구'라고 썼다. 좋은 친
구는 당신을 위해 충고한다. 당신을 도와주고 격려한다. 당
신과 함께 슬퍼하고 괴로워한다. 당신을 위한 희생도 마다
하지 않는다.

프랑스의 작가 로맹 롤랑은 "나는 세상에서 두 개의 보물을 가지고 있다. 나의 친구와 나의 영혼이다"고 했다.

고자질하지 마라

이 사람들은 무엇이든지 그 알지 못하는 것을
비방하는도다 또 그들은 이성 없는 짐승같이 본으로
아는 그것으로 멸망하느니라
_유다서 1:10

한 교인이 목사를 찾아가서 어떤 사람에 대한
나쁜 소문을 고자질하려 했다. 그녀는 목사가 사람들의 소
문에 오르내리는 이에게 아무런 충고도 하지 않은 듯해 목
사님이 모르고 계실 거라고 생각했다. 그녀가 그 얘기를 꺼
내려고 하자 목사는 그녀의 말을 끊고 말했다.

"누군가의 나쁜 소문을 말하려는 것이라면 그만두세요.
설령 그것이 사실일지라도 듣는 사람의 기분이 좋지 않습니
다. 게다가 소문에 오르내리는 사람을 더욱더 곤란하게 만
듭니다. 그런 일에 참견해서는 안 됩니다. 그가 반성하여 새
출발을 할지 모르기 때문입니다. 만약 그가 소문대로 그런

사람이 아니었다면 당신은 죄 없는 사람에게 혐의를 덮어씌우는 큰 죄를 범하게 됩니다. 나중에 이것을 안 사람들은 당신의 경박함에 혀를 차게 되고, 그와 동시에 당신은 신뢰를 잃게 됩니다. 그러므로 당신은 사람을 함정에 빠뜨리는 일을 하지 말고, 사람의 덕을 높이기 위한 활동을 하십시오."

아무에게도 악을 악으로 갚지 말고 모든 사람 앞에서 선한 일을 도모하라(로마서 12:17)

인내하고
때를 기다려라

이에 비유로 말씀하시되 한 사람이 포도원에
무화과나무를 심은 것이 있더니 와서 그 열매를
구하였으나 얻지 못한지라

_누가복음 13:6

이 말씀은 다음과 같이 이어진다.

포도원지기에게 이르되 내가 삼 년을 와서 이 무화과나무에서 열
매를 구하되 얻지 못하니 찍어버리라 어찌 땅만 버리게 하겠느냐
대답하여 이르되 주인이여 금년에도 그대로 두소서 내가 두루 파
고 거름을 주리니 이 후에 만일 열매가 열면 좋거니와 그렇지 않
으면 찍어버리소서 하였다 하시니라(누가복음 13:7-9)

이 말씀은, 사람이 죄 때문에 멸망받아야 할 것이지만 하
나님께서 인내하심으로 사람이 회개할 때를 기다리고 계신

다는 것을 의미한다. 그와 동시에 당신도 인내하고 때를 기다리라고 가르친다.

미국의 프라나간 신부는 '소년의 거리'를 만들어 비행 소년의 갱생을 위해 노력했다. 신부는 "불량소년은 거짓말하기를 좋아한다. 그리고 교묘하게 잘한다. 그게 거짓말인 줄 알면서도 바보처럼 몇 번이나 속는다. 도중에 꾸짖으면 접근해오지 않으니 관용을 가지고 때를 기다려야 한다. 그들의 양심에도 뉘우치는 마음이 있으니 그들은 최후에는 미안하다고 사과한다"고 했다. 그는 거기까지 참고 견디기가 여간 어려운 게 아니라고 말한다. 그러나 이것이 좋은 열매 맺는 방법이다. 상대방을 어떻게 하든지 살리고자 하는 노력이 풍성한 수확으로 나타나는 것이다.

소문에 신경 쓰지 않는다

또한 사람들이 하는 모든 말에 네 마음을 두지 말라
그리하면 네 종이 너를 저주하는 것을 듣지 아니하리라
너도 가끔 사람을 저주하였다는 것을 네 마음도 알고
있느니라

_전도서 7:21-22

사람이 말하는 것을 일일이 마음에 담아두지 말아라. 당신도 별것도 아닌 걸 가지고 남의 소문을 내거나 험담한 일이 있을 것이기 때문이다.

특급 열차를 타고 시골에 가는 한 부인이 대기업 중역처럼 보이는 신사 세 사람과 동석하게 되었다. 얼마 후에 한 신사가 화장실에 갔다. 그러자 남아 있던 B씨와 C씨가 A씨를 비판하기 시작했다. "그는 2류 대학 출신으로 소지품도 2류 뿐이야."

A씨가 돌아오니 이번에는 B씨가 화장실로 갔다. 그러자 A씨와 C씨가 B씨를 비방하기 시작했다. 그녀는 이 우스꽝

스러운 상황이 정말 한심하다고 생각했다. 스페인의 속담
중에 "너와 함께 험담하는 사람은 너에 대한 험담도 할 것이
다"는 말이 있다.

사람들의 소문을 마음에 둔다면 마음 편할 날이 없다. 당
신도 다른 사람의 눈에는 소문의 장본인이 된 때도 있었을
터이니 이를 생각하면 소문을 심각하게 받아들인다는 것은
어리석은 일임을 알 것이다.

그보다 앞으로는 타인에 대한 험담을 하지 않아야 할 것
이다. 만약 꼭 해야 한다면 그것이 진실인가, 그것이 필요한
가, 그것을 알리는 것이 친절한 일인가를 생각한 뒤에 하라.

의인의 입술은 기쁘게 할 것을 알거늘 악인의 입은 패역을 말하느
니라(잠언 10:32)

남에게 도움이
되는 삶

헛된 영광을 구하여 서로 노엽게 하거나
서로 투기하지 말지니라
_**갈라디아서 5:26**

명성이나 인기를 얻기 위해 서로 다투거나 질
투하지 말라는 말씀이다.

가난한 행상인의 아들로 태어난 록펠러의 인생 목표는 돈
을 벌어 명성을 얻는 것이었다. 그래서 자신을 위해 돈을 버
는 것이 그의 삶의 목표였다. 돈벌이를 위해서라면 상대방
을 전혀 생각하지 않았다. 밤낮으로 어떻게 해서든지 남에
게 1원이라도 많은 돈을 받아낼 궁리를 하고 이를 실행에 옮
겼다. 이리하여 무일푼에서 출발한 록펠러는 미국 최고의
석유 사업자가 되었다. 이처럼 성공하기는 했으나 그를 존
경하거나 사랑하는 사람은 한 명도 없었다. 도리어 사업이

번창할수록 그를 미워하는 사람들이 늘어갔다.

록펠러는 사람을 사랑하고, 사람을 위해 희생한다는 것을 생각해본 일이 없었다. 그는 50세가 지나서 심한 노이로제에 걸렸다. 그런 고통 속에서 그는 가까스로 자기의 상태를 깨닫게 되었다.

그는 하나님 앞에서 회개했다. 그 후에는 자기를 위해 번 재산으로 록펠러 재단을 만들어 사회복지 사업과 학예 분야 발전을 위해 쓰기 시작했다.

건강한 삶

당신의 원한, 저주하는 마음은 이윽고 상대방
에게 전달되어 좋지 않는 관계가 될 것이니 악감정은 버리
라는 말씀이다.

"심중에라도 왕을 저주"한다는 것은 인간관계에서 발생
하는 불만의 표현이다. 상하 관계, 사제 관계, 주종 관계 등
은 복종을 전제하므로 당연히 위에 있는 사람에 대한 원한
과 저주는 밑에 있는 사람을 울적하게 만든다.

이웃 사람과 자신을 비교할 때 생활의 격차를 느낀다. 친
구들과 비교할 때 아직 집도 없고 셋방살이를 하기에 많은
질투심이 일어난다. 결국 자신도 모르는 사이에 남을 저주

하게 된다.

가로, 세로의 인간관계 속에서 살아가는 인생이므로 원망과 저주의 마음은 반드시 상대방에게 전달된다. 이렇게 되면 인간관계가 더 나빠지는 악순환이 일어나고, 삶의 희망조차 갖지 못하는 나날을 보내게 된다. 가까스로 노력한 끝에 이러한 악순환에서 벗어난 한 사람은 "증오나 원망을 모두 걷어내고 상대방에게 용서를 구했다. 그다음 증오나 원망을 그리스도에게 가져다가 십자가 밑에 깊이 묻어달라고 기도하고 상대방에게 이를 부탁했다"고 한다.

원망과 저주의 마음을 들키지 않으려는 사람도 있다. 승마를 좋아하는 한 사람이 있었다. 그런데 빈번히 낙마했다. 아무리 생각해도 이상했다. 말의 컨디션은 좋았고, 자기의 실력이 떨어지는 것도 아니었다. 그래서 정신과 의사에게 상담하러 갔더니 그에게 무의식중에 자살하고 싶은 마음이 있다는 것을 알았다. 그래서 그는 자살하고 싶다는 생각이 무엇 때문에 일어나는지 살펴봤더니 자신의 인생에 원망하는 마음이 숨어 있다는 것을 깨닫게 되었다. 곧 그는 자살하고 싶은 바람을 버리자 그때부터 말에서 떨어지지 않게 되었다.

어떤 부인이 갑자기 등골 주위에 통증을 느꼈다. 통증은

등 전체로 퍼져 나갔고 심장을 압박해 움직일 수조차 없게 되었다. 의사에게 갔더니 의사가 "당신은 무엇 때문에 괴롭습니까?"라고 하며 이상한 질문을 했다. 그런데 그녀는 '참, 이상한 질문을 하는 의사이다'고 생각하지 않고, 기다렸다는 듯이 말하기 시작했다. "나는 남편에게 한 번만이라도 'ㅇㅇ하라'고 말할 수 있다면 반드시 병이 나을 것입니다"고 했다. 자신의 괴로움을 누군가에게 들려주고 싶었던 것이다. 의사는 그녀가 말하는 것을 듣고만 있었는데 약을 주는 대신 이렇게 말했다.

"당신의 내부에 암 세포가 생겨 점점 퍼지기 시작한다고 하면 어떻게 하겠어요?"

"네, 물론 큰 수술을 받아서라도 곧 제거해야겠지요."

"그래요. 지금 당신에게 필요한 것은 이와 같습니다. 심중에 살아 있는 악질적인 원한, 저주를 여기서 버려야 합니다."

그녀는 의사의 말을 따랐다. 그 결과 귀가할 때는 혼자서 집으로 갈 수 있었다.

서로 친절하게 하며 불쌍히 여기며 서로 용서하기를 하나님이 그리스도 안에서 너희를 용서하심과 같이 하라(에베소서 4:32)

말하지 말고
행동하라

나더러 주여 주여 하는 자마다 다 천국에 들어갈 것이
아니요 다만 하늘에 계신 내 아버지의 뜻대로 행하는
자라야 들어가리라

_마태복음 7:21

당신에 대한 평가는 당신의 말이 아니라 행동
에 의해 이루어진다는 것을 의미한다. 아프리카 원주민을
위해 의료 선교 활동을 펼쳐 밀림의 성자라고 일컬어지는
신학자이자 음악가였던 슈바이처 박사에게 어떤 사람이 물
었다.

"왜 당신은 다시 공부해서 의사가 되었습니까?"

"나는 말로써 사람을 감동시킬 수가 없기 때문이에요."

이것은 슈바이처의 겸손의 표현이지만, 하나님도 사람들
도 당신에게 기대하는 것은 말이 아니라 행동이다. 기독교
신앙에서는 예수님을 '하나님의 아들', '구세주'로 믿음으로

써 천국을 약속받지만, 그 신앙고백 중에는 당연히 하나님의 말씀인 성경에 따라 산다는 것이 포함되어 있다.

한편 입으로는 믿음이 있는 것처럼 말하지만 자기에게 편리한 부분만을 받아들이고 자기 본위의 신앙생활을 하는 자가 많은데 하나님은 이들을 거부하신다.

당신이 만약 입의 솜씨, 손의 솜씨가 좋은 사람이라면, 사람들은 당신을 크게 쓸 것이다. 그러나 언변은 좋지 않지만 일을 확실하게 한다면, 사람들은 당신을 신뢰하고 의지할 것이다.

"말할 때에는 현명한 사람처럼, 행할 때에는 어리석은 사람처럼"이라는 영국 속담이 있듯이 자기 손익만 생각해 몸을 아끼지 말고 행동하라.

교만하지 마라

너는 내일 일을 자랑하지 말라 하루 동안에 무슨 일이
일어날는지 네가 알 수 없음이니라

_**잠언 27:1**

무아지경이나 교만을 경계하고 오늘 하루를
열심히 살 것을 권하고 있다. 중국의 전한(前漢)이 망하고 세
상은 영웅호걸들의 군웅할거로 매우 혼란할 때의 이야기이
다. 이때 공손술(公孫述)이란 자가 세력을 뻗쳐서 차츰 여러
나라를 지배했다. 그는 마침내 자신을 황제라고 자칭하게
되었다. 어느 날, 옛날 친구 마원(馬援)이 찾아와보니 공손술
은 이미 천하를 다 차지한 것처럼 화려한 근위병의 호위를
받으며 존귀한 척하고 있었다. 그런 공손술을 보고 마원은
기가 차서 "아직 황제도 되지 않는 자가 황제인 척한다면 안
될 일이다"고 말하고는 돌아갔다. 그 뒤 공손술은 전쟁에서

적에게 패하여 허무하게 죽었다. 교만에는 실의라는 그림자
가 붙어 있는 것이다.

사람은 언제나 지금이 고되고 괴로운 때라고 생각한다.
그래서 내일에 희망과 꿈을 걸고, 오늘을 적당히 넘기기 쉽
다. '오늘은 기분이 시원찮으니 내일로 미루자'고 생각하기
도 한다. 그러나 성경에서는 오늘 최선을 다하지 않고, 내일
이 있다고 생각하는 것은 대단한 교만이라고 말한다.

당신의 생명을 주관하시는 분은 하나님이시다. 그러므로
자신에게 편리하도록 내일 무언가를 할 수 있다는 보장이
없다.

윗사람에게
꾸중을 들었을 때

주권자가 내게 분을 일으키거든 너는 네 자리를
떠나지 말라 공손함이 큰 허물을 용서받게 하느니라
_전도서 10:4

윗사람에게 꾸중을 들어도 직장을 포기하지
말아라. 공손한 태도는 상대의 불쾌감을 무마시킨다.

여기에는 두 가지 교훈이 있다. 첫째로는 업무상의 실책
을 범했을 때 취해야 할 태도이다. 적당주의로 일을 처리하
고서 윗사람에게 꾸중을 듣는 것은 당연하다. 하지만 열심
히 일했는데도 윗사람이 당신에게 기대했던 바와 거리가 멀
어 꾸중을 들을 수 있다. 특히 당신이 다른 사람보다 능력이
있다고 인정받고 있을 때는 더욱 그렇다.

이런 경우에 당신이 불쾌감을 나타내거나 윗사람이 자신
에게만 엄격하고 부당하게 대한다고 생각해서는 안 된다.

당신은 자신의 노력이 보상받지 못할 수 있음을 아는 사람이기 때문에 냉정하게 다음 업무에 대처해야 한다. 그렇게 한다면, 윗사람도 당신을 꾸짖은 보람이 있다고 생각할 것이고, 당신에 대한 신뢰를 잃지 않을 것이다.

둘째로는 윗사람에게 건의했을 때의 태도이다. 무시당하거나 꾸중을 들었다 해도 그것이 옳은 일이라면, 때를 보면서 계속 제언하라.

오래 참으면 관원도 설득할 수 있나니 부드러운 혀는 뼈를 꺾느니라(잠언 25:15)

만약 계속 거부당하거나 무시당해도 누군가 반드시 당신의 올바름을 인정할 것이다. 링컨의 경우에도 그러했다. 텍사스가 미국에 병합되었던 초기에 멕시코와 텍사스의 국경이 명확하지 않았다. 그래서 포크 대통령은 캘리포니아와 뉴멕시코까지도 빼앗으려고 계략을 짜고 있었다. 대통령이 무력으로 탈취하려고 그 기회를 엿보고 있을 때, 어떤 미국인이 멕시코군에 의해 살해되는 사건이 일어났다. 대통령은 이 기회를 기다렸다는 듯이 "텍사스 땅에서 처음으로 미국인이 피를 흘렸다"고 연설하여 이 사건은 큰 문제로 떠올랐다. 대통령은 이렇게 하면 출병의 명분이 생기고, 거액의 군사비를 받을 수 있다고 생각했기 때문이다. 그런데 당시 38세의 하원 의원이었던 링컨은 포크 대통령의 야망을 간파하고 있었기 때문에 "미국인이 처음으로 피를 흘린 것은 과연 미국 영토였을까? 만약 멕시코의 영토였다면 멕시코가 침략한 것이 아니라 미국이 침략한 것이 아닌가?"라고 반문해 전쟁을 막을 수 있었다. 그는 이런 발언을 하면, 다음 선거에서 불리하다는 것을 뻔히 알면서도 자기의 유익 때문에 올바른 말을 하지 않는다는 것을 용납할 수 없었다. 그 결과 링컨은 그다음 선거에서 낙선했다.

그는 그로부터 십수년간 시골 변호사를 있을 수밖에 없었다. 하지만 세상 사람들은 정직한 그가 필요하다고 인정해 그를 다시 국회로 불러들였다. 마침내 그는 대통령의 지위까지 올라 국정을 책임졌다. 그는 지금까지도 훌륭한 대통령으로 사람들의 존경을 받고 있다.

무거운 짐을
져주시는 하나님

각각 자기의 짐을 질 것이라
_갈라디아서 6:5

천하를 평정하고 도쿠가와(德川) 막부 300년
의 기초를 쌓아 영화를 누리며 아무런 부족함이 없었을 것
같은 도쿠가와 이에야스(德川家康)조차도 "사람의 일생은
무거운 짐을 지고 먼 길을 걸어가는 것과 같다"고 말했다.

당신에게도 무거운 짐이 있을 것이다. 그것이 자기의 결점
이나 약함일지도 모른다. 어떤 사람에게는 사명감에서 오는
부담감일 수 있다. 업무나 가정에서의 고민일지도 모른다.

성경에서는 그것으로부터 도피하지 말고 그것을 짊어지
라고 가르친다. 그리고 예수님께 가지고 와서 "예수님, 나와
나의 무거운 짐을 져주세요"라고 기도하라고 한다.

수고하고 무거운 짐 진 자들아 다 내게로 오라 내가 너희를 쉬게 하리라 나는 마음이 온유하고 겸손하니 나의 멍에를 메고 내게 배우라 그리하면 너희 마음이 쉼을 얻으리니 이는 내 멍에는 쉽고 내 짐은 가벼움이라 하시니라(마태복음 11:28~30)

이렇게 말씀하시는 예수님은 당신의 고뇌를 함께 져주시고, 당신에게 평안을 주시는 분이시다.

어느 날 설교자 헨리 무어하우스는 자신이 짊어져야 할 어려운 일 때문에 고민하면서 집으로 돌아왔다. 그때 아내에게 줄 선물을 손에 들고 있었다. 마중 나온 딸 미니에게 "엄마는 어디 있니?"라고 물으니 소아마비로 움직이지 못하는 딸이 대답했다. "2층에 있어요. 그 봉지를 엄마에게 가지고 갈 거예요? 내가 가지고 갈래요." 그가 "너는 못 가지고 가!"라고 하자 딸이 "내가 봉지를 들고 아빠가 나를 2층에 데려다주면 되지요"라고 밝게 답했다.

"아, 이것이다." 그는 자기도 모르게 손뼉을 치면서 외쳤다. 머릿속에 안개가 걷히듯 깨달아졌다. "내가 아닌 하나님께서 해주신다. 이 무거운 짐을 안고 있는 나를 예수님이 업어주신다." 이것이 우리를 창조하시고 사랑하시는 하나님의 방법이다.

잘못 구하기

구하여도 받지 못함은 정욕으로 쓰려고
잘못 구하기 때문이라

_야고보서 4:3

예수님은 "내 이름으로 무엇이든지 내게 구하면 내가 행하리라"(요한복음 14:14)고 말씀하셨다. 또한 "구하라 그리하면 너희에게 주실 것이요"(마태복음 7:7)라며 적극적으로 구하라고 가르치셨다.

그런데 이 약속을 따라 구한다 해도 하나님이 들어주시지 않는 경우가 있다. 그것은 마치 우리나라 국민에게는 자유가 보장되지만, 그 자유는 '법률과 도덕률 등을 해치지 않는 범위 내에서'라는 조건이 붙어 있는 것과 같다. 이웃 사람에게 폐를 끼치는 자유는 당연히 규제되거나 금지되어야 한다.

하나님도 공의에 어긋나는 것이라면 아무리 구해도 들어

주시지 않는다. 그와 반대로 공의에 합당한 소원은 하나님께서 들어주신다. 사람의 생각으로는 불가능한 일이라도 이루어주신다. 이것을 성경에서는 기적이라고 부른다.

부모와 자식 간에서도 이 말씀이 적용된다. 아이가 놀기 위해서 오토바이를 사달라고 해도 부모는 사주지 않는 것이 옳다. 오토바이를 타는 즐거움을 위해서라면 자신이 땀 흘려 번 돈으로 사야 한다. 자신이 번 돈으로 산다 해도 법을 지킬 수 없는 사람은 사지 못하게 해야 한다.

그리스의 철학자 피타고라스는 "자신을 통제할 수 없는 사람을 자유인이라 말할 수 없다"고 했다. 이런 사람에게는 지도가 필요하다.

너희는 자유가 있으나 그 자유로 악을 가리는 데 쓰지 말고 오직 하나님의 종과 같이 하라(베드로전서 2:16)

악의 원인은
마음에 있다

나는 너희에게 이르노니 음욕을 품고
여자를 보는 자마다 마음에 이미 간음하였느니라

_마태복음 5:28

하나님은 당신의 행동뿐 아니라 마음까지도
보고 계신다. 마음의 상태에 따라 죄가 생겨난다고 말씀하
신다. 성경에서 "입으로 들어가는 것이 사람을 더럽게 하는
것이 아니라 입에서 나오는 그것이 사람을 더럽게 하는 것
이니라"(마태복음 15:11)고 분명하게 죄의 근원을 지적한다.
여기서는 간음을 예로 들어 말씀하셨다. "음욕을 품고 여성
을 보는 자마다"에서 동기를 말씀하셨다. 동기가 있는 한, 기
회만 되면 실행할 위험성이 얼마든지 있다. 어떤 때는 이성
으로 실행에 옮기는 것을 저지할지도 모른다. 어떤 때는 타
인의 눈을 의식함으로써 실행에 옮기지 않을지 모른다. 그

러나 그런 브레이크가 없을 때는 폭주한다. "그저, 호기심으로 저질렀어요"라고 변명하는 사람의 마음속은 이미 죄로 오염되어 있는 것이다.

간음에 한정해 말한다면, 첫째로 이것은 모세의 십계명을 어기는 죄이다. 구약 성경의 〈출애굽기〉 20장 14절에서 하나님은 "간음하지 말라"고 하셨고, 이어지는 17절에서는 "네 이웃의 집을 탐내지 말라 네 이웃의 아내나 그의 남종이나 그의 여종이나 그의 소나 그의 나귀나 무릇 네 이웃의 소유를 탐내지 말라"고 말씀하신다.

1631년에 런던에서 출판된 성경은 사람들에게 충격을 주었다. 이 성경에는 "간음하지 말라"는 부분에 'not'이란 단어가 빠져 "간음하라"고 되어 있었기 때문이다. 이 때문에 사람들은 이 성경을 '사악한 성경'이라고 불렀다. 하지만 사람들이 이 사악한 성경을 따른다면, 이 해프닝은 단지 잘못된 인쇄로 끝나는 것이 아니다. 하나님과 사람에게 큰 죄를 범하기 때문이다.

서독의 환경 보호 정당 '녹색당'의 연방의회 의원 클라우스 헤커는 당의 여성 사무원 세 명의 가슴에 손을 댄 사건으로 항의를 받고 그 일이 외부에 알려져 의원직을 사임하지 않을 수 없었다. 우리나라에서는 이렇게까지는 되지 않는다

해도 가정 파탄 같은 큰 문제를 야기할 수도 있다.

둘째로, 간음은 배우자에 대한 배신행위이다. 부부는 이 세상에서 가장 깊은 신뢰 관계를 맺는다. 또 그것을 지속하는 것은 극히 당연한 일이다. 그들은 이미 둘이 아니라 한 몸이다. 그래서 "나는 나"라고 제멋대로 사는 것이 허락되지 않는다. 또한 성경에서는 "음행을 피하기 위하여 남자마다 자기 아내를 두고 여자마다 자기 남편을 두라"(고린도전서 7:2)고 했다. 결혼은 간음을 막기 위한 것이므로 더더욱 간음의 죄는 무겁다.

셋째로, 설령 상대방이 동의하고 또한 적극적으로 원한 것이라 해도 간음에 응하는 것은 상대방으로 하여금 죄를 범하게 하는 일이다. 성경에서는 "만일 네 오른 눈이 너로 실족하게 하거든 빼어 내버리라"(마태복음 5:29)고 하며 어떤 희생을 치르더라도 죄의 원인을 반드시 제거하라고 했다.

배신행위를 하지 않고 율법을 거스르지 않은 유일한 길은 자기를 사랑하는 것같이 타인을 사랑하고 존중하는 것이다.

뇌물은 사람을
멸망시킨다

뇌물이 사람의 명철을 망하게 하느니라

_전도서 7:7

세간에 "욕심이 없는 사람처럼 무서운 이는 없
다. 무엇을 할지 알 수 없기 때문이다"는 말이 있다. 무욕한
사람은 보통 사람과 다른 가치관을 가지기에 일반 사람은
자신의 사고방식으로는 그의 마음을 알 수 없다. 그런데 일
반적으로 인간 사회는 욕심 덩어리의 집합소 같아서 자신의
욕심으로 상대방의 마음을 짐작할 수 있다. 그래서 욕심을
가지고 남을 낚아채려고도 하고 움직이려고도 한다.

상대가 이용 가치가 높은 지도자이거나 관리직에 있는 사
람이라면 더욱 좋은 표적이 된다. 그들은 머리로는 나쁜 일
인 줄 알지만, 마음속에는 욕심이란 방을 가지고 있다. 이성

의 파수꾼을 종종 잠재워서 '이번 한 번만!'이라고 하며 자신을 변호한 뒤 욕심을 채운다. 이런 일이 몇 번 성공하면, 그다음부터는 간단하다. 똑같은 패턴을 되풀이하면 되고, "남들도 다 하고 있는 것이다. 어차피 누군가가 편의를 봐주어야 하는 것이다"고 생각하기 일쑤이다.

상대는 뇌물을 받은 순간부터 배우고 노력해서 얻은 지위를 던져버린 것이나 마찬가지이다. 그는 뇌물로 자신의 직위를 올바르게 유지하려는 능력을 잃은 바보가 되었다. 돈을 사랑하지 말고 자기가 가진 것으로 만족할 때 사람은 올바르게 살 수 있다.

아이 기를 때에는 엄하게

네가 네 아들에게 희망이 있은즉 그를 징계하되
죽일 마음은 두지 말지니라

_잠언 19:18

아이의 양육은 어느 시대에나 큰일이었다. 기원전 400년경의 철학자 소크라테스는 아테네의 도덕심이 저하되는 것을 탄식했다. 그는 "부모들은 재산을 많이 남겨주려 하지만, 그것을 물려받을 아들에 대해서는 걱정하지 않으니 이상한 일이다"고 했다.

지금의 아버지들도 마찬가지이다. 아내에게 아이의 일을 전적으로 맡기고, 자신은 일을 핑계로 도망친다. 그리고 어머니는 학교가 아이를 책임질 것처럼 생각한다.

아이는 부부가 협력함으로써 성장하는 것이다. 본래 자기중심적으로 태어난 인간이 이웃과 어떻게 올바른 관계를 맺을 수 있겠는가?

어머니의 반쪽 수고로 자녀를 양육할 수 있다면, 성경에서 굳이 가르치지 않아도 될 것이다. 육아는 가정의 문제가 아니라 국가적으로, 아니 우주적으로 중요한 문제이다.

"네가 네 아들에게 희망이" 있을 때는 마음이 아직 부드러울 시기인 유아기를 가리킨다. 아이가 머리로는 아직 잘 모르기 때문에 몸으로 선악을 구별하게 한다. 말로써 알아들을 나이가 되면, 아이는 이미 충고를 받아들이지 않는다. 독일의 교육자 프뢰벨은 "어린이는 5세까지 평생 배울 것을 다 배운다"고 했다.

자기반성

어찌하여 형제의 눈 속에 있는 티는 보고
네 눈 속에 있는 들보는 깨닫지 못하느냐
보라 네 눈 속에 들보가 있는데 어찌하여 형제에게
말하기를 나로 네 눈 속에 있는 티를 빼게 하라 하겠느냐
외식하는 자여 먼저 네 눈 속에서 들보를 빼어라
그 후에야 밝히 보고 형제의 눈 속에서 티를 빼리라

_마태복음 7:3-5

자기 허물은 뒷전에 두고 타인을 비난하는 사람들에게 먼저 자기반성을 하도록 권유하고 있다. 부모의 반대를 무릅쓰고 결혼한 두 사람이 오륙 년이 지나서 보니, 자신들의 가정에 문제가 생겼다. 어느 날, 아내가 서점에 가서 좋은 책은 없을까 싶어 둘러보았다. 문득 생각 없이 손에 든 책이 성경이었다. 몇 페이지를 읽고 성경이 마음에 들었다. 그녀는 '참 좋은 말씀이 많구나. 이것을 남편에게 읽히면 그가 반성하고 좋은 사람이 될 거야'라고 생각했다. 그녀는 성경을 샀지만 진짜 성경이 필요한 사람은 자신이라는 것을 깨닫지 못했다. 여기에 불화의 원인이 있었다.

그래서 성경에서는 자신을 먼저 살펴야 한다고 가르친다. '반면교사(反面教師)'라는 말이 있듯이 잘못된 사람에게도 배울 점이 많다. 자신만이 옳다고 하는 것이야말로 죄이다.

각각 자기의 일을 살피라 그리하면 자랑할 것이 자기에게는 있어도 남에게는 있지 아니하리니(갈라디아서 6:4)

아무도 자신을 속이지 말라 너희 중에 누구든지 이 세상에서 지혜 있는 줄로 생각하거든 어리석은 자가 되라 그리하여야 지혜로운 자가 되리라(고린도전서 3:18)

만족은 돈으로
얻을 수 없다

은을 사랑하는 자는 은으로 만족하지 못하고
풍요를 사랑하는 자는 소득으로 만족하지 아니하나니
이것도 헛되도다

_전도서 5:10

금전이나 부는 사람의 욕심을 키우고, 사람을 탐욕스럽게 만들 뿐이며, 결코 사람에게 만족감을 주지 않는다.

독일의 철학자 쇼펜하우어는 "부는 바닷물과 같다. 그것을 마시면 마실수록 목이 갈해진다"고 하며 부의 나쁜 점을 지적했다. 성경에서는 사람들이 한없는 욕망을 가지고 계속 금전을 모으려 애쓰는 것을 부를 섬기는 것이라고 했다. 그러한 사람은 이미 돈의 노예로 전락했다.

그리스의 철학자 소크라테스는 명문가 출신으로 부자였다. 그는 어느 날 인간이 금전의 노예가 될 수 있음을 깨달고, 자신의 전 재산을 불행한 사람들에게 나누어주었다. 그리고 그는 "테바이 사람 소크라테스를 자유의 몸으로 해방시켰다"고 외치며 기뻐했다. 이때부터 그의 진정한 인생이 시작되었던 것이다.

당신도 지금 '돈만 있으면 무엇이든지 할 수 있다'고 생각하고 있다면, 이 생각은 당신을 평생 돈의 노예로 만들 뿐이다. 지금 당신이 목적을 가지고 있으면서 현재 소득에 적합하게 생활한다면 매일 만족을 누릴 수 있다.

부자와 가난한 자를 비교하면, 부자에게는 만족을 모르는 탐욕이 있고, 가난한 사람에게는 만족이라는 하나님의 은혜가 주어져 있다.

채소를 먹으며 서로 사랑하는 것이 살진 소를 먹으며 서로 미워하는 것보다 나으니라(잠언15:17)

의무를 다하라

이에 예수께서 이르시되 가이사의 것은 가이사에게,
하나님의 것은 하나님께 바치라 하시니
그들이 예수께 대하여 매우 놀랍게 여기더라

_마가복음 12:17

예수님은 의무를 다하라고 가르치신다.

예수님께서 거리에서 가르치시자 민중의 이목은 유대 지
도자들에서 예수님으로 옮겨갔다. 그래서 그 지도자들은 어
떻게 해서든지 예수님을 없애고자 잡아들일 구실을 찾기에
혈안이 되어 있었다.

몇 번이나 실패를 거듭한 후, 이번에는 예수님을 함정에
빠뜨리려는 나쁜 꾀를 생각했다. 그들은 예수님께 가까이
가서 "가이사에게 세금을 바치는 것이 옳으니이까 옳지 아
니하니이까"(마가복음 12:14)라고 물었다. 예수님은 그들의
본심을 꿰뚫고 계셨다. 예수님이 만약 "세금을 바쳐라"고 하

시면 그들은 "예수님은 이방인의 지배자를 편드는 사람이
다"고 하며 예수님에게 반(反) 유대인이라는 딱지를 붙이려
고 했다. 반대로 예수님이 만약 "로마에 세금을 바칠 필요는
없다"고 하시면 그들은 "로마 황제에게 반역한다"고 하며 로
마 황제에게 고소할 계획이었다. 그들은 어느 쪽이든 "예수
는 이제 끝장났다"라고 하며 마음속으로 승리의 미소를 짓
고 있었다.

예수님은 동전에 있는 "이 형상과 이 글이 누구의 것이냐"
(마가복음 12:16)고 물으셨다. 그들은 "가이사의 것이니이
다"(마가복음 12:16)고 대답했다. "가이사의 것은 가이사에
게, 하나님의 것은 하나님께 바치라"(마가복음 12:17) 이것이
예수님의 대답이었다.

그들의 악한 계략은 허공에 날아갔다. 그뿐 아니라 그들
은 의무로서 지고 있으면서 소홀히 하고 있는 하나님에 대
한 의무를, "하나님의 것은 하나님께 바치라"는 말로 지적당
하고 경고를 받았다. 그래서 그들은 놀라고, 또한 두려워했
다.

J. F. 케네디는 "결과가 어떻든지, 장애, 위험, 압력이 어떠
하든지 사람은 의무를 다해야 한다. 이것이야말로 모든 인
간 도의의 근본이다"고 했다. 중요한 의무로는 이 세상에 대

한 것뿐 아니라 당신을 창조하신 하나님께 대한 것도 있다.

그렇다면 하나님에 대한 의무란 무엇인가? 하나님을 믿고

그 가르침을 따르는 것이다.

> 모든 자에게 줄 것을 주되 조세를 받을 자에게 조세를 바치고 관
>
> 세를 받을 자에게 관세를 바치고 두려워할 자를 두려워하며 존경
>
> 할 자를 존경하라(로마서 13:7)

근면하라

너는 아침에 씨를 뿌리고 저녁에도 손을 놓지 말라
이것이 잘될는지, 저것이 잘될는지, 혹 둘이 다
잘될는지 알지 못함이니라

_전도서 11:6

성경에서는 항상 근면하라고 말한다. 어떤 조각가는 쌀을 보고 이렇게 말했다.

"이 쌀을 보면 인간은 정말 일하지 않고는 못 살겠구나 싶다. 참새들의 모이밖에 되지 않는 작은 것이지 않은가? 사람에게는 더 큰 먹이를 주셔야 할 텐데 일하도록 만들기 위해 저렇게 작은 낟알을 주신 것이로구나."

부지런해야 산다. 일반적으로 농경민족일수록 근면하다. 씨를 뿌리는 것만으로 열매를 얻지 못한다. 어떤 씨는 불모지에 뿌려지기도 한다. 어떤 씨는 새가 쪼아 먹을 수도 있다. 어떤 씨는 해충의 피해로 하룻밤 사이에 죽을 수도 있다. 어

떤 것은 잡초로 인해 자라지 못하기도 한다. 어떤 것은 농부
가 노력한 대가로 풍성한 열매를 맺는다. 그래서 어떤 농부
는 "이것은 까마귀의 것, 이것은 내 것" 하면서 씨를 뿌린다.

　당신의 업무에서 손해나는 면이나 타인이 얻을 이익을 예
상하고 부지런히 노력한다면 실망하지 않을 것이다. 도리어
"이것은 내 몫이로구나"라고 하며 감사하게 될 것이다.

사랑을 길러라

그러나 너를 책망할 것이 있나니
너의 처음 사랑을 버렸느니라
_요한계시록 2:4

처음에는 어떤 사랑의 감정도 없었지만 날마다 상대하거나 매일같이 지내는 동안 차츰 애정이 생겨나는 경우가 있다. 특히 맞선을 보거나 친구로 교제하다가 사귈 때 날이 갈수록 상대편에 대한 애정이 커진다면 놀랍지 않을 수 없다. 그러나 그 반대의 경우라면 이것은 비극일 수 있다. 왜냐하면 사랑을 키우려고 하지 않기 때문이다. 이 같은 비극이 너무나 자연스러운 것이 되었다. 언제부터 어떤 이유로 사랑이 식었는지 가슴에 손을 얹고 잘 생각해봐야 할 일이다.

사랑을 기르기 위해서는 상대의 결점이 보일 때마다 자신

에게도 결점이 있다는 것을 알고 상대에게 관용을 베풀어야
한다.

프랑스의 여류 문학가 스탈은 "내가 남자가 아닌 것을 기
뻐한다. 만약에 내가 남자였다면 여자와 결혼해야 하기 때
문이다"고 했다. 그녀는 여자의 약점이나 결점을 잘 인식하
고 있었다. 그래서 프랑스에서는 "결혼하는 사람은 회개하
는 길을 떠나는 자이다"는 속담이 있을 정도이다. 스스로 반
성하고 상대방을 용서해야 한다.

모든 겸손과 온유로 하고 오래 참음으로 사랑 가운데서 서로 용납

하고(에베소서 4:2)

가치를 모르는 사람

거룩한 것을 개에게 주지 말며 너희 진주를 돼지 앞에
던지지 말라 그들이 그것을 발로 밟고 돌이켜 너희를
찢어 상하게 할까 염려하라

_마태복음 7:6

어떤 것의 가치를 이해하지 못하는 사람에게
는 그것을 주지 말라는 말씀이다. 당신은 남에게 좋을 줄 알
고 무언가를 했으나 도리어 비난을 받은 쓸쓸한 경험을
한두 번 가지고 있을 것이다. 구약 성경 가운데 유대인이 생
활의 지혜로 삼는 〈잠언〉이 있다. 〈잠언〉에서도 이에 대해
여러 번 충고한다.

그러나 한편으로는 비난을 받아도 참고 선을 행하라고 가
르치니 당신의 선한 행위를 그만두지 말라. 당신이, 상대방
이 진정으로 필요로 하는 것을 알았다면, 당신의 선한 행동
은 무의미한 것이 아니라 상대방을 돕는 일이 될 것이기 때

문이다.

포악한 소년이 있었다. 부모나 교사는 물론이고 누구의
조언도 받아들이지 않았다. 그러나 그의 말에 귀를 기울인
사람 때문에 그는 바로 설 수 있었다.

우리가 선을 행하되 낙심하지 말지니 포기하지 아니하면 때가 이르
매 거두리라 (갈라디아서 6:9)

혀를 제어할 수
있는 사람

여러 종류의 짐승과 새와 벌레와 바다의 생물은
다 사람이 길들일 수 있고 길들여왔거니와
혀는 능히 길들일 사람이 없나니 쉬지 아니하는 악이요
죽이는 독이 가득한 것이라

_야고보서 3:7-8

에도 시대의 학자이며 가인(歌人)이었던 무라
오카 하루미(村岡春海)는 어느 날 "좋아하는 것은 무엇입니
까?"란 질문을 받았다. 그는 에도(도쿄)의 큰 상인 가문에서
출생했으나 문인으로서의 활동에 치우쳐서 파산하는 역경
에 처했다. 그런 불우한 인생 때문인지 "내가 제일 좋아하는
것은 뱀장어 구이와 사람을 욕하는 것이야"라고 대답했다고
한다.

이 세상에는 남을 욕하지 않는 사람이 없다. 그것은 인간
이 출생할 때부터 자기중심적으로 살아왔기 때문이다. 남이
실패하면 '바보야!' 하고 비하하고, 남이 성공하면 질투심을

일으킨다. 상대방을 악담함으로써 자기를 정당화하려고 한다.

주우벨은 "사람의 전 생애는 타인과 관계되는 일에 사용된다. 우리들은 타인을 사랑하면서 반평생을 지내고, 타인의 악담을 하면서 나머지 반평생을 보낸다"고 했다. 우리는 한평생을 뜻있게 보냈으면 한다.

때를 기다리는 것도 정도껏 하라

풍세를 살펴보는 자는 파종하지 못할 것이요
구름을 바라보는 자는 거두지 못하리라

_전도서 11:4

조건이 좋아질 때까지 기다리고 있으면 아무 것도 이루지 못한다는 말씀이다.

야위고 쇠약한 노인이 한여름의 태양 아래 땀을 뻘뻘 흘리면서 지팡이를 짚고 버섯을 햇볕에 말리고 있었다. 거기를 지나가던 젊은 중이 그 노인을 매우 불쌍하게 생각해서 "왜 다른 사람에게 일을 시키지 않습니까?"라고 물으니 노인은 쇠약한 몸에 맞지 않는 큰 소리로 "다른 사람은 내가 아닙니다!"라고 외쳤다.

젊은 중은 깜짝 놀라서 "하필 이런 더운 날에 일하십니까?"라고 다시 물었다. 노인은 일하는 손을 멈추지 않고 "지금 하지 않으면, 때가 언제라는 말입니까?"라고 돌아보지도 않고 고함을 쳤다.

해야 할 일을 미루는 이유는 얼마든지 있다. 그러나 게으름이나 공포심 때문일 뿐이다. 준비된 시기가 이때라면 이제는 망설이지 말고 실행해야 한다. 영국의 속담에 "시간과 조석은 아무도 기다리지 않는다(Time and tide wait for no man)"는 말이 있다.

마음은 나타난다

선한 사람은 마음에 쌓은 선에서 선을 내고
악한 자는 그 쌓은 악에서 악을 내나니
이는 마음에 가득한 것을 입으로 말함이니라

_누가복음 6:45

사람은 마음에 담긴 것을 입으로 말한다. 따라서 악한 마음에서는 악한 것밖에 나오지 않고 선한 마음에서는 당연히 좋은 것이 나온다. 나무는 각각 그 열매로 알 수 있다. 가시나무에서 무화과를 얻을 수 없고 들장미에서 포도를 딸 수는 없다. 설령 외관이 같다 하더라도 맛을 보면 그것이 무엇인지 쉽게 알 수 있다.

누나와 동생이 있었다. 어머니는 누나에게 큰 감을 주었다. 동생에게는 조금 작은 감을 주었다. 동생은 누나에게 떼를 써서 바꿔 가졌다. 동생은 기뻐서 한 입 물었으나 곧바로 뱉어버렸다. 맛있게 보였던 감은 떫은 감이었다. 누나는 맛

있게 먹고 있었다. 맛은 바꿀 수가 없는 것이다.

선한 사람은 자기 마음을 점검하는 일을 게을리하지 않는다. 그래서 선한 사람으로 존재할 수 있는 것이다. 독일의 종교개혁자 마르틴 루터는 "나는 교황보다도, 많은 성직자보다도 내 마음을 두려워한다"고 말했다. 그는 성경에 비추어 자기 마음을 언제나 점검하여 매일 회개했다. 이렇게 하면 누구나 선한 마음을 가지고 하나님과 이웃 사람에게 의의 있는 사람으로 살 수 있는 것이다.

점, 주술 등을 금지하라

그의 아들이나 딸을 불 가운데로 지나게 하는 자나
점쟁이나 길흉을 말하는 자나 요술하는 자나 무당이나
진언자나 신접자나 박수나 초혼자를 너희 가운데에
용납하지 말라

_신명기 18:10-12

하나님이 아닌 신을 믿는 사람들에게 물어보거나 그들로 하여금 요술을 부리게 하는 것을 금지한다는 말씀이다. 이러한 자들은 모두 악마의 지배하에 있고 악령의 힘으로 활동하는데 거짓된 신들이 세상에서 활약하게 함으로써 인간이 하나님을 제대로 알지 못하게 만든다.

악마의 활동의 특성은 사람들을 점집을 비롯한 여러 가지 악령이 활동하는 장소로 이끌고, 사람들로 하여금 악령을 신뢰하게 하여 악령의 포로로 만드는 것이다. 악마는 당신의 생각을 알아맞힐 수 있고, 영매는 영혼을 볼 수 있다. 그리고 주문을 외움으로써 병을 고칠 수 있다. 이것은 당신에게 악마가 깃들게 하는 것이다. 마약처럼 당신을 거기서 빠져나오지 못하게 만든다. 저주, 강박, 공포, 정신이상 등 인격을 파괴하는 방법으로 당신을 사로잡는다.

이리하여 당신을 악마의 함정에서 한 발작도 밖으로 빠져나오지 못하게 한다. 그 후 악마는 당신이 그의 손발이 되어 타인들이 당신과 같이 불행에 빠지도록 돌아다니게 만든다. 이런 현상은 우상숭배하는 종교의 포로가 된 사람들에게 흔히 볼 수 있다.

점쟁이는 점을 보는 사람에게 특정한 방향으로 행동하게 한다. 어떤 처녀가 점을 쳤더니 "30세 때에 죽임을 당한다"는 소리를 들었다. 그래서 그 처녀는 '짧은 인생을 산다면 내가 하고 싶은 것을 다 해야지'라고 생각하고는 제멋대로 살다가 그만 몸에 병이 들었다.

한 여성은 장난으로 손금을 봤다. 그때 들은 말을 농담으로 생각하고 웃어버렸다. 하지만 우울증에 걸려 아무것도 믿지 않게 되었다.

한 점쟁이가 예수님을 믿고서 악령으로부터 해방된 뒤 이렇게 고백했다.

"내 영혼의 주도권을 장악한 악마가 나를 그의 손발로 부려먹었을 뿐 아니라 내 영혼도 육체도 괴롭혔다."

어떤 마술을 행하는 여성은 종종 이렇게 말했다.

"내 삶은 엉망이 되었다. 내가 하고 싶지 않아도 악마가 시키는 대로 한다. 악마가 자꾸만 재촉한다. 내 마음이 편할 때가 없다."

악마는 다 같이 인격을 파괴한다. 또한 요즘 많이 쓰는 최면술도 마찬가지이다. 인간은 모두 자기 방어력을 가지고 있다. 그것은 본능, 지성, 양심, 각종 감각이다. 이것들이 서로 작용하여 외부에서 오는 여러 가지 위험을 감지해 몸을 방어한다. 군에서 말하는 조기 경계망이다. 그런데 최면술은 이 자기 방어 능력을 모두 무너뜨린다. 적의 습격을 알고 방어하고 반격하기 위한 조기 경계망 시스템을 마비시키는 것과 다름없다.

이 무방비 상태를 틈타고 악마는 그 사람의 내면에 들어간다. 그것은 마치 당신이 어떤 사람을 간첩이나 파괴 공작원인 줄 모르고 들어오게 하는 것과 같다. 그들은 때를 따라 파괴 공작을 하고 동조자를 만든다.

악마는 사람의 마음을 사로잡기 위해 자기 능력을 보여줄 뿐만 아니라 사람들에게 공포감을 주어 사람들이 꼼짝 못하게 한다. 악마는 불행한 일이 일어난 사람들에게는 "봐라. 너희들의 믿음이 부족하다. 더 많은 동료들을 만들어라. 더 많이 갖다 바쳐라. 그렇지 않으면 더 불행해질 거야!"라고 하며 겁을 주고 그 사람들을 죄수로 만든다.

그러나 다행히도 하나님에게 우리가 악마로부터 해방되는 방법이 준비되어 있다. 사도 바울은 귀신이 붙은 여자를 향해 이렇게 명했다.

> 예수 그리스도의 이름으로 내가 네게 명하노니 그에게서 나오라 하니 귀신이 즉시 나오니라 (사도행전 16:18)

귀신이 순순히 물러갈 때도 있다. 하지만 귀신 들린 사람을 넘어뜨리거나 날뛰게 하거나 실신하게 만들기도 한다. 그러나 악령은 하나님의 능력에 대항할 수 없으므로 얼마 후에 떠나간다.

자신이 명령해도 좋고 다른 사람에게 명령하도록 해도 좋다. 예수님의 이름에는 능력이 있기 때문이다.

> 너희 중에 병든 자가 있느냐 그는 교회의 장로들을 청할 것이요 그들은 주의 이름으로 기름을 바르며 그를 위하여 기도할지니라 믿음의 기도는 병든 자를 구원하리니 주께서 그를 일으키시리라 혹시 죄를 범하였을지라도 사하심을 받으리라 그러므로 너희 죄

를 서로 고백하며 병이 낫기를 위하여 서로 기도하라 의인의 간구

는 역사하는 힘이 큼이니라(야고보서 5:14-16)

욕심 부리면
몸을 망친다

돈을 사랑함이 일만 악의 뿌리가 되나니
이것을 탐내는 자들은 미혹을 받아 믿음에서 떠나
많은 근심으로써 자기를 찔렀도다
_디모데전서 6:10

      영국의 경세가(警世家) 스마일스는 악의 근원을 이루는 것은 돈 그 자체가 아니라, 돈에 대한 애착이라고 하면서 돈 버는 것을 인생의 목표로 삼지 않도록 타일렀다.

   중세의 로마가톨릭교회는 극도로 세속화되어 탐욕의 화신으로 변했다. 권세를 휘두르던 로마 교황 인노첸시오 4세는 어느 날 자기가 수집한 금과 은 식기들을 바라보고 만면에 웃음을 띠면서 토마스 아퀴나스를 향해 비꼬듯이 말했다. 아퀴나스는 황당해서 내뱉듯이 이렇게 말했다.

   "앉은뱅이에게 예수님의 이름으로 걸으라고 명할 수 있는 시대도 지나갔다!"

그러므로 얼마 후에 로마가톨릭교회는 종교개혁이라는 대수술을 받지 않을 수 없게 되었던 것이다.

부하려 하는 자들은 시험과 올무와 여러 가지 어리석고 해로운 욕심에 떨어지나니 곧 사람으로 파멸과 멸망에 빠지게 하는 것이라 (디모데전서 6:9)

악에 대하여
고민하지 마라

악을 행하는 자들 때문에 불평하지 말며
불의를 행하는 자들을 시기하지 말지어다
그들은 풀과 같이 속히 베임을 당할 것이며
푸른 채소같이 쇠잔할 것임이로다

_시편 37:1-2

악에 대하여 화를 내서는 안 된다. 왜냐하면 그
들은 멸망하기 위해 존재하기 때문이다. 남미의 어느 원주
민이 원숭이를 잡을 때 쓰는 방법은 원숭이의 습성을 교묘
하게 이용하는 것이다. 원숭이의 손이 겨우 들어갈 만한 항
아리에 맛좋은 나무 열매와 곡물을 넣어서 나무에 매달아
놓는다. 사람의 기척이 없어지면 재빨리 원숭이가 나타나서
손을 항아리에 넣어 안에 있는 먹을거리를 잔뜩 거머쥔 채
손을 빼려고 한다. 그러나 주먹이 항아리 아궁이에서 빠져
나오지 않는다. 이리하여 우매한 원숭이는 사람이 와도 도
망칠 수 없어 잡히고 만다. 이와 마찬가지로 죄인들도 부를

얻기는 했으나 그것으로 인해 하나님과 사람들 앞에서 멸망하는 것이다.

워터게이트 사건으로 미국 대통령을 사임하게 된 닉슨은 포드 대통령에 의해서 사면되었다. 휴즈 상원 의원은 닉슨을 두고 "법의 제재는 면했으나 지옥의 불은 면하지 못할 것이다"고 했다.

이와 같이 그들은 정의의 하나님 앞에서 반드시 심판받게 되는 것이니 "저 사람은 잘 해먹었다"고 부러워해서는 안 된다. 당신에게 가장 귀한 일은 정결하게 살아가는 것이다. 여기에 무엇과도 바꿀 수 없는 평안한 생활이 있기 때문이다.

단념하지 말고
계속 구하라

구하라 그러면 너희에게 주실 것이요
찾으라 그리하면 찾아낼 것이요 문을 두드리라
그리하면 너희에게 열릴 것이니
구하는 이마다 받을 것이요 찾는 이는 찾아낼 것이요
두드리는 이에게는 열릴 것이니라

_마태복음 7:7-8

당신이 하는 일로 열매를 얻는 방법은 계속 구하는 것뿐이다.

1981년 노벨 화학상을 수상한 일본 교토(京都) 대학의 후쿠이 겐이치(福井謙一) 교수는 젊은이들에게 다음과 같이 충고했다.

"잘 모르는 일을 적당히 넘어가지 마라. 모르는 일은 끝까지 규명해야 한다. 내가 말할 수 있는 것은 이것뿐이다."

이것은 학문 연구뿐 아니라 사업에서도 마찬가지이다. 일본 메이지유신(明治維新) 4년 전, 니지마 조(新島襄)는 미국에 건너가려고 멀리 홋카이도(北海道)의 하코다테(函館)까지 갔다.

  그는 국가가 금지하는 법을 어기고 도항의 기회를 노리고 있었다. 에도를 떠나올 때 그에게는 돈이 4량밖에 없었다. 그래서 그는 무사의 혼이라 할 수 있는 칼를 팔기로 결심했다. 칼 하나는 뱃삯으로, 다른 하나는 한문 성경으로 바꾸었다. 육체는 배에, 영혼은 하나님(성경)에게 맡겼다. 이런 큰 결심을 한 것은 그에게 나라를 위한다는 기개가 있었기 때문이었다. 그런 그를 인정한 사람은 그를 미국으로 실어다준 선장이었다. 선장은 그가 애머스트 대학을 졸업할 때까지 10년간 그를 도와주었다. 그 결과 그는 일본의 여명(黎明)에 큰 공헌을 한 도시샤(同志社) 대학을 세우게 되었다.

먼저 가족을
돌보라

누구든지 자기 친족 특히 자기 가족을 돌보지 아니하면
믿음을 배반한 자요 불신자보다 더 악한 자니라

_디모데전서 5:8

　　　　가족을 돌아보지 않는 신앙은 신앙이라 말할
수도 없다. 성경에서는 가정을 잘 돌보도록 많은 말씀으로
교훈한다. 십계명 가운데 앞의 네 계명에서는 하나님에 대
한 올바른 태도를 가르치고, 뒤의 여섯 계명에서는 사회에
대한 올바른 태도를 가르친다. 한가운데 있는 5계명에서는
가정에서의 올바른 태도를 가르치는데, 하나님께서는 간결
하게 "네 부모를 공경하라"고 말씀하셨다. 하나님과 올바른
관계를 맺을 때 가정을 올바르게 돌볼 수 있고, 가정을 올바
르게 돌볼 때 사회를 올바르게 만들 수 있다. 그러므로 신앙
생활을 한다면 가정을 잘 돌보는 일이 중요하다. 가정은 사

회의 최소 단위이므로 매우 중요하다. 가족을 돌아볼 여유
가 없는 직업처럼 가족을 돌아보지 않는 신앙도 해롭다.

미국의 헨리 포드는 대량생산 시스템을 갖춘 뒤 값싼 자
동차를 만들어 순식간에 세계의 자동차 왕이 된 사람이다.
그는 대부호가 되고서 자기 집을 짓기 시작했다. 집을 지은
곳은 부자들이 사는 고급 주택지가 아니라 옛날 자신이 일
했던 밭이었다.

그가 그린 설계도를 보면 그의 집은 어디서나 볼 수 있는
작은 주택이었다. 친구들은 너무나도 빈약한 외형을 보고
놀라서 "이것은 너무 빈약하지 않나?"라고 하며 부자의 위상
에 걸맞은 집을 짓도록 충고했다. 그때마다 포드는 조용히
그리고 확신을 가지고 이렇게 말했다. "나는 저택을 세울 생
각이 없네. 여기에 가정을 세울 생각이네." 그리고 그대로 실
천했다.

엘리너 포터의 명작 《폴리애너》에 등장하는 노교사 칠턴
선생은 젊었을 때의 실연 때문에 독신 생활을 하고 있었다.
어느 날, 친해진 소녀 폴리애너에게 힘없이 비밀을 털어놓았
다. "내가 사는 곳은 방(Room)이지, 가정(Home)이 아니야."

당신이 지금 있는 곳은 어디인가? 단순히 내가 사는 곳,
식사하는 곳, 자는 곳, 가족의 얼굴을 보는 곳인가? 그렇다

면 단순한 방에 지나지 않는다.

칠턴 선생은 폴리애너에게 자기의 집이 가정이 될 수 없는 이유를 이렇게 말했다.

"가정에는 여자의 손과 마음, 아이가 필요한 거야."

당신에게 아내와 아이도 있을 수 있다. 그러나 마음이 있는가? 당신의 마음은 집 안에 있는가? 아내에게, 아이에게 마음이 향하고 있는가? 아내와 아이를 걱정하고 있는가? 아내의 무거운 짐을 져주고 있는가?

"나는 밖에서 너희들을 위해 이렇게 돈을 벌고 있다. 그러므로 집안일은 너희들의 책임이다"고 말한다면 당신은 동물과 같다. 동물들도 본능적으로 같이 산다. 그들은 본능적으로 소굴을 만들고 새끼를 낳아 기른다. 자기중심적으로 여러 가지 계획을 세운다면 방은 만들 수 있어도 가정은 만들 수 없다.

창(窓)이라는 글자의 뜻은 집[家] 안에 마음[心]이 있음을 공공연하게 보이기도 하고 볼 수 있기도 하다는 것이다. 그래서 옛날에는 이웃 사람이 창문에 머리를 내밀고 "너희 부부는 어떻게 된 거야? 좀 더 아내를 소중히 여겨라"고 하며 마음만 있으면 남의 집 일도 간섭할 수 있었다. 어느 집의 사람이든 마음을 소중히 여기고 서로 위로했다.

그런데 요즈음은 어떤가? 잘 만들어진 건물의 창문에는 밖에서 들여다볼 수 없게 커튼을 쳐놓았다. 그 속에서 가족의 수대로 방을 만들어 산다. 에드먼드 파크는 "나는 밖에서 집으로 돌아오면 그 순간 모든 피로를 잊는다"고 말했다. 거기에 마음이 있었기 때문이다. 괴테는 "왕이든 농부이든 자신의 집에서 평화를 발견하는 자가 가장 행복한 사람이다"고 말했다.

거기에는 아내의 마음, 아이들의 마음, 남편의 마음이 충만했기 때문이다.

사도 바울은 이렇게 말했다.

내가 내게 있는 모든 것으로 구제하고 또 내 몸을 불사르게 내줄지라도 사랑이 없으면 내게 아무 유익이 없느니라(고린도전서 13:3)

설령 당신이 아내에게 좋은 옷을 사줄 수 없다 해도, 자녀에게 재산을 남겨줄 수 없다 해도 당신의 마음이 집에 있다면 즉, 가족에 대한 사랑이 있다면, 당신은 가정을 훌륭하게 돌본 셈이다.

당신의 모습은 이웃에게 좋은 영향을 끼친다. 자녀들은

성장한 뒤 당신이 돌본 가정을 보고 자신들의 가정을 돌보게 될 것이다. 그리고 훌륭한 사회인이 되어 여러 곳에서 책임을 다할 것이다.

아름다움은
잠깐뿐이다

고운 것도 거짓되고 아름다운 것도 헛되나
오직 여호와를 경외하는 여자는 칭찬을 받을 것이라

_잠언 31:30

작가인 이노우에 히사시(井上ひさし)는 어느 날 큰 사전을 펼쳐서 남자를 가리키는 말을 조사했다. 그랬더니 우부(愚夫), 건아(健兒), 대장부(大丈夫) 등 230가지나 있었다. 그리고 여자를 가리키는 말을 조사하다가 매우 놀랐다. 무려 700가지 이상의 말이 있었기 때문이다.

그의 결론은 귀녀(鬼女), 미희(美姬), 악녀(惡女) 등 여자를 가리키는 말이 남자보다 3배 이상 많은 것은 여자가 남자보다 3배 이상 변화를 잘하기 때문이라는 것이었다. 보통 여자가 남자보다 외모를 쉽게 바꿀 수 있다.

여기서는 외모의 아름다움은 거짓되고, 따라서 그것에 속아서는 안 된다고 말한다. 설령 외모가 아름답다 해도 어차피 오래가지 않는다고 충고한다. 이는 여성뿐 아니라 남성에게도 해당된다.

청춘의 화려함은 얼마 후에 사라진다. 또한 아름다운 옷을 입고 몸을 치장한다 해도 본판은 변하지 않으니 곧 탄로나게 되어 있다. 그것보다 여성들은 하나님을 믿고 마음이 정결한 사람이 되어야 한다.

남성들은 여성의 아름다운 외모에 마음을 뺏기지 말고 하나님을 믿고 마음이 정결한 여성을 찾아야 한다. 그런 사람이야말로 영원히 변하지 않는 아름다움을 가지고 있기 때문이다.

사랑이 담긴 말

무릇 더러운 말은 너희 입 밖에도 내지 말고
오직 덕을 세우는 데 소용되는 대로 선한 말을 하여
듣는 자들에게 은혜를 끼치게 하라

_에베소서 4:29

젊은 살인범이 무기 징역수로 홋카이도(北海
道)의 형무소에 수감되었다. 그는 지금부터 긴 세월을 최북
단의 추운 형무소에서 쓸쓸하게 지낼 수밖에 없었다. 그는
이 비참함을 포악하게 구는 것으로 숨겼다. 따라서 그에게
누구 하나 말을 걸지 않았다.

그러던 어느 날, 그가 햇볕을 쪼이고 있을 때 한 기독교도
인 교화사(敎化師)가 지나가면서 "따뜻하겠네요"라고 부드
럽게 말을 건넸다. 그가 이렇게 부드러운 말을 들은 것은 태
어나서 처음이었다. 거칠어진 그의 마음에 사랑이 담긴 이
말은 햇볕 이상으로 따뜻한 무언가를 주었다. 그의 얼음 같

은 마음은 차츰 녹아내리기 시작했다.

이런 일이 있고 난 후부터 그는 교화사와 대화하는 것이 유일한 즐거움이었다. 이윽고 그는 성경을 읽고 신앙을 갖게 되었다. 그의 몸은 감방에 있어도 영혼과 마음은 해방되었다.

미국의 교육가 카아니는 "작은 친절, 작은 사랑의 말이 지상을 천국처럼 행복하게 만드는 데 일조한다"고 했다. 상대의 마음을 살피고 상대에게 건네는 말은 상대를 살린다.

항상 기뻐하라

항상 기뻐하라 쉬지 말고 기도하라 범사에 감사하라
이것이 그리스도 예수 안에서 너희를 향하신
하나님의 뜻이니라
_데살로니가전서 5:16-18

생활 속에 생기는 갖가지 고민에 사로잡히지
말아야 한다는 말씀이다. 그렇기에 언제 어떠한 일이 있어
도 기뻐하고 감사해야 하는 것이다. 어느 날 훌륭한 태도를
보이는 한 장교가 종군 목사에게 왔다.

"나는 부하들 앞에서는 항상 완벽하게 보이도록 노력했습
니다. 그러나 지금 그런 긴장감을 견딜 수 없게 되었습니다.
'내 나약함을 보인다면 부하나 가족에게 실망을 주지 않을까'
하는 두려움이 가득합니다. 나는 어떻게 하면 좋겠습니까?"

종군 목사는 "항상 기뻐하시오. 모든 일에 감사하시오"라
고 성경 말씀에 따라 조언했다. 장교는 이미 술이나 약으로

는 해결하지 못한다는 것을 알고 있었으므로 그 성경 말씀
에 따라 자기 안에 있는 걱정과 불안, 연약함을 내려놓고 하
나님 앞에 감사하기 시작했다. 그러자 그를 괴롭히고 자살
까지 생각하게 만들었던 압박감이 사라지고 그의 마음에 평
화가 오기 시작했다. 나약함을 가진 자신에 대해 기뻐할 수
있게 되었다.

그는 "나약함을 가지고 있으면 모두 나를 존경하지 않는
다고 생각했다. 그래서 나약함을 숨기려고 노력했다. 이것
은 나를 언제나 긴장하게 만드는 결과를 낳았다. 지금 나는
내 나약함을 솔직히 인정하고, 이런 나를 만드신 하나님께
감사를 드리게 되었다"고 했다.

태어날 때부터 한쪽 손목이 없는 여성이 있었다. 의학이
발달한 미국이라도 의수를 붙이는 것밖에 다른 도리가 없었
다. 그녀는 자기 모습이 다른 사람과 다르다는 것을 알기 시
작하자 사람들 앞에서는 숄 같은 것을 걸쳐서 손목을 숨기
기 시작했다. 나이가 들어서는 그 괴로움이 한층 더해졌고
술로 달랠 수밖에 없었다. 쉰여섯 살이 되어도 이 고민에서
벗어나지 못하고 숄이나 스카프를 손에서 떼지 못했다.

그녀는 어느 날 동생 집에 갔다가 설교 테이프를 듣게 되
었다. 그것은 "범사에 감사하라"는 말씀이었다. 그녀는 기독

교 신자이긴 했지만, "무조건 하나님께 감사하라"는 말씀은 지금까지 들은 적이 없었다. 가슴이 답답해졌다. 분노까지 일어났다.

"주여, 술을 끊게 하신 것은 감사합니다. 그러나 태어날 때부터 가진 이 장애를 감사할 수는 없습니다."

그녀는 마음속으로 격렬하게 저항했다. 집으로 돌아와서 무엇을 해도 "하나님께 감사하라"는 말씀이 자꾸만 생각났다가 사라지곤 했다. 수일간 그런 일이 계속된 후 동생이 준 그 설교 테이프를 다시 들었다. 다 듣고 난 후 그녀는 "주여, 감사할 수 없어도 범사에 감사하라고 말씀하셨듯이 평생 치유될 수 없는 이 장애를 감사하겠습니다"고 기도했다. 그 순간 56년간의 슬프고 괴로운 마음이 사라졌다. 그녀는 "하늘에서 내려온 영광이 나를 충만케 했다"고 하며 그때 상황을 회고했다. 하지만 그것으로 끝나지 않았다. 하나님은 그녀에게 "이제부터는 숄로 손목을 감추지 말라"고 말씀하셨다. 그녀는 기도했다.

"주여, 괴로워하던 이 일을 감사하는 것도 제게는 힘든 일이었습니다. 이것만은 순종하지 않은 것을 용서하십시오."

하나님은 말씀하셨다.

"네가 전처럼 손목을 감춘다면 감사하는 것이 아니라 수

치스러워하는 것이다.”

그녀의 빰은 눈물로 젖었다. “주여, 말씀하시는 대로 노력하겠습니다. 힘을 주십시오”라고 기도했다.

평소 외출을 삼갔던 그녀가 며칠 뒤 외출해야 했다. 배심원으로 선출되었기 때문이다. 나갈 준비를 하던 그녀는 습관처럼 아무 생각 없이 숄을 손에 들었다. 그러자 곧 마음속에서 “안 된다”는 말씀이 들렸다. 깜짝 놀라 “하나님 지금부터 숄 없이 나갑니다. 그러나 곧 되돌아올지 모릅니다”고 하며 문을 열고 밖에 나갔다. 그녀는 바깥의 눈부신 햇빛에 압도되었다. 아니, 그것은 그녀의 마음에 일어난 변화였다. 수치감, 열등감, 죄악감이 모두 사라졌기 때문이다. 그녀는 고백한다.

“진짜 자유란 이런 것이겠지요. 처음으로 알았습니다. 하나님은 있는 그대로의 나를 사랑하시기에 내 모든 일을 하나님께 감사드렸더니 내 삶을 놀랍게 바꾸신 것입니다.”

그 후부터 그녀는, 하나님께서 주신 이 놀라운 문제 해결 방식을 간증하면서 다른 사람들과 기쁨을 나누고 있다.

하나님을 신뢰하는 자는 평안하다

사람을 두려워하면 올무에 걸리게 되거니와
여호와를 의지하는 자는 안전하리라
_**잠언 29:25**

사람에게는 타인의 얼굴빛을 보면서 사는 생활 방식과, 하나님께 맡기고 사는 생활 방식이 있다. 영국의 전 수상 웰링턴은 "두려움을 알고도 그것을 두려워하지 않는 자야말로 진짜 위대한 용사이다"고 말했다. 이것과는 반대로 겁쟁이는 사람의 안색을 보고 주체성 없이 살아간다.

이와 같은 생활 방식은 인생의 확실한 기반이 없는 것에 기인한다. 그날그날 아무 탈 없이 살아가려는 사람의 생활 방식이다. 그는 결국 주체성이 없기 때문에 타인에게 이용당한다. 또한 멸망당할 자와 함께 자멸하여 종종 실의를 맛보게 된다.

한편, 하나님께 모두 맡기고, 하나님이 인생을 인도하시도록 하는 사람은 성경에 나타난 가치 판단으로 사물을 보고 생각한다. 그렇기에 무슨 일이 일어나도 실망하지 않는다. 하나님을 믿는 자를 하나님이 최선의 길로 인도하실 것을 확실히 알기 때문이다.

어느 날, 한 소년이 공을 가지고 놀다가 우물 속에 빠뜨렸다. 소년은 슬퍼서 울고 있는데 때마침 아버지가 지나가다가 소년을 보고 다가왔다. 아버지는 소년의 말을 듣고서 "아버지가 로프를 잡아줄 테니 너는 물통을 타고 내려가서 공을 가지고 올라오라"고 했다.

소년의 마음속에 용기가 솟아났다. 그는 물통을 타고 우물 속으로 조금씩 내려가기 시작했다. 아버지가 가까이 있어도 우물 안은 어둡고 침침했다. 그러나 소년은 무섭지 않았다. 아버지가 로프를 잡고 계시다는 것을 알기 때문이었다. 소년은 불안한 마음으로 위를 쳐다보는 일도 없었다. 다만 공에만 주목하고 내려가 마침내 공을 주워 올렸다.

하나님을 신뢰하고 사는 편안한 삶도 이와 같다. 크리스천에게는 어둡고 어려운 때가 있어도 하나님을 신뢰하면 하나님께서 꽉 붙드신다는 믿음이 있다.

종교개혁자 존 녹스는 프랑스군에게 잡혀서 2년간 배 젓는 노예가 되고, 영국 왕 메어리 1세의 박해를 받는 등 갖가지 고난을 이겨내며 스코틀랜드의 종교개혁에 평생을 바친 인물이다. 그가 죽어 땅에 묻힐 때 참석자들은 이렇게 말했다.

"하나님을 신뢰한 나머지 어떠한 사람도 두려하지 않았던 자가 여기에 잠들다."